John Hendrik

Mein merkwürdiges Leben

Extent Verlag Berlin

John Hendrik
Mein merkwürdiges Leben

Herausgegeben von Monika Hendrik
© bei der Herausgeberin für diese Ausgabe und
© Aufmachung bei Extent Verlag Berlin,
1. Auflage, November 1999
geb. Ladenpreis DM 49,90 (inkl. 7% MwSt)

Extent Verlag Berlin
Postfach 12 04 29, D-10594 Berlin
Tel (030) 327 980 511, Fax (030) 327 980 535
Email: extent@t-online.de

Gesetzt aus der Minion
Umschlaggestaltung Benjamin Ochse,
Titelphoto Karl-Ludwig Lange, Copyright 1999, Berlin

Gedruckt auf SCA Euro Bulk Bilderdruckpapier,
matt, gestrichen, holzfrei, 115 g/m^2, Schutzumschlag
Bilderdruck 135 g/m^2

Zuschriften an den Autor leiten wir gerne weiter.

        Die Deutsche Bibliothek - CIP-Einheitsaufnahme
Hendrik, John:
Mein merkwürdiges Leben / John Hendrik. [Hrsg. von Monika
Hendrik]. - 1. Aufl. - Berlin : Extent-Verl, 1999
ISBN 3-926671-21-1

Inhalt

Das kleine Rentier und ein Jahrhundert-Schicksal
Von Professor Götz Friedrich

John Hendrik könnte Präsident Kennedy dessen historisch gewordenen Satz soufliert haben: »Ich bin ein Berliner«. Und was für ein Berliner unser John ist! Wie auch immer die politischen Spitzen dieser Stadt es mit der Verleihung von Titeln halten mögen: Ehrenbürger Berlins ist John Hendrik schon lange geworden.

Wer wußte schon, daß die charmante, sensible, humorvolle Stimme, die den Song vom »kleinen Rentier« für zwei Generationen zum Ohrwurm werden ließ, einem Mann gehört, der lange vor dem Ersten Weltkrieg in Berlin-Tiergarten als Sproß einer jüdischen Kaufmanns- und Künstlerfamilie geboren wurde, der nach dem Abitur Gesang studierte und in der gerade entstehenden Schallplattenindustrie arbeitete, dann vor der braunen Bedrohung rechtzeitig nach England ausweichen konnte und von dort in die USA ging? Bald wurde er eingebürgert und durchlebte wie eine Vielzahl anderer das widerspruchsvolle Schicksal der Emigranten: heimatlos mit Paß. Er trat am Broadway in Operetten und Musicals auf und arbeitete außerdem beim Radiosender »Stimme Amerikas«. Die damaligen amerikanischen Behörden hatten ihn nach dem Zweiten Weltkrieg für wichtige Aufgaben in Europa ausersehen.

Aber es dauerte eine Weile, bis er in die alte Heimat, nach Berlin, zurückzukehren wagte. Hier geriet seine Mitarbeit am RIAS, dessen Bedeutung für die Ausstrahlung des freien Worts und damit für die Wiedervereinigung unseres Landes heute mehr und mehr verdrängt wird, zu einem prägenden Markenzeichen: John Hendrik war der RIAS, der RIAS ohne John Hendrik kaum vorstellbar. Noch von der DDR aus lauschte ich als ein Fan von ihm seinem »Club 18«. Die unterschiedlichsten Sendungen gestaltete er, meistens zusammen mit seiner Frau Monika. Und er schlug, wie es zu einem Amerikaner paßt, unter dem Patronat von Helmut Kühn, die Brücke zwischen U- und E-Musik immer stärker.

Die über Jahre laufende Sendereihe »Der RIAS-Opernstammtisch« trug zu unserer freundschaftlichen Verbundenheit bei, an der auch meine Frau Karan Armstrong großen Anteil hatte, weil beide immer wieder kalifornische Erfahrungen miteinander austauschen konnten. Seine Liebenswürdigkeit machte auch und gerade die Oper, unsere Oper auf besondere Weise für immer mehr Menschen liebenswert. Mit seinen inzwischen 95 Lebensjahren (!!!) und seinem straffen, nahezu jugendlichen Auftreten - Zeugnis von hoher Selbstdisziplin und der Fürsorge seiner Frau - nimmt dieser außergewöhnliche Zeuge unseres Jahrhunderts regen Anteil an den Wandlungen im kulturellen Leben Berlins, seiner Heimatstadt. Mir scheint, manche Entscheidungsträger wären gut beraten, bisweilen auch auf seine so bescheiden zurückgehaltene Stimme zu hören.

Die kleine Weise von Rudolf, dem Rentier: ist sie mit ihrem sanften Humor, in ihrer ironischen, den Menschen zugewandten Heiterkeit - ob in englischer oder in deutscher Version - nicht wie ein Mini-Leitmotiv für dieses so bemerkenswerte Jahrhundert-Schicksal?
Wir gratulieren und danken John Hendrik. Gerade in Berlin.
Aber nicht nur hier.

Begegnung mit einem Zeitzeugen, der sich nie aufgab
Von Professor Herbert Kundler

Es ist eine gute Sache, daß John Hendrik seine Erinnerungen auf-
gezeichnet hat, die, wären sie vollständig niedergeschrieben, einen
Memoirenband gewaltigen Ausmaßes füllen würden, umfassen sie
doch eine Lebensspanne von nunmehr 95 Jahren. Aber zu John Hendriks unverwechselbaren Eigenschaften gehört es, ohne Umschweife
auf den Punkt zu kommen und sich weder pathetisch noch
geschwätzig über das Weltgeschehen und die Schicksalsschläge, die
es austeilt, zu verbreiten. Das Bild von einer humanen, sinnvoll und
intelligent gestalteten Welt im Herzen, hat er die großen Emotionen
stets für sich behalten und nach außen hin, wo immer es sich anbot,
den Dingen nicht zuletzt auch ihre humoristischen Aspekte abzuge-
winnen versucht. So hält er es auch hier. Unprätentiös und anekdo-
tenreich läßt er ein Leben Revue passieren, das vom frühen künstlerischen Erfolg, der Emigration und der Rückkehr nach Deutschland
geprägt ist. Es entsteht ein Mosaik von Namen und »Events« am
Rande der großen zeitgeschichtlichen Begebenheiten. Autor John
Hendrik hatte wohl schon das 90. Lebensjahr erreicht, als er ernsthaft damit begann, eigenhändig an der nicht eben brandneuen
Schreibmaschine im Souterrain des Zehlendorfer Hauses - jeweils
zwischen Fahrradausflügen, Spaziergängen mit dem Bobtail William
und den nach wie vor regelmäßigen Opern- und Theaterbesuchen -
aneinanderzureihen, was er nicht der Vergessenheit anheimfallen
lassen wollte. Wir kannten uns damals schon fast vierzig Jahre, hatten 1957 im RIAS den »Club 18« aus der Taufe gehoben. Er sollte
Begegnungen zwischen jungen Jazzfans ermöglichen, ihnen die
Chance geben, Instrumente zu tauschen, neue Bands zu gründen. Im
»Club 18« spielten sämtliche Berliner Amateur-Jazzgruppen, und
mit der Zeit kamen von Erroll Garner, Count Basie bis zu Duke
Ellington und Ken Colyer die legendären Stars des Jazz zu Gast. Nach
25 Jahren hatte der »Club 18« es auf weit über 200.000 Besucher und
auf 1250 Sendungen gebracht. Aufgebaut noch mit Lotte Hendrik,
Johns erster Frau, war er so erfolgreich, daß der Berliner Senat for-

mal bei der US-Regierung darum ersuchte, die zur Aufrechterhaltung der 1942 erworbenen US-Staatsangehörigkeit erforderliche Rückkehr John Hendriks in die USA auszusetzen, da er in Berlin wesentliche Impulse für die Jugendarbeit vermittle. Nicht von ungefähr wurde John Hendrik dann später mit dem Bundesverdienstkreuz ausgezeichnet. Noch immer denken viele der »Club 18«-Anhänger mit Nostalgie an die Treffen in den Rathäusern und überfüllten Studios zurück, genauso wie die vielen Hörer in der DDR, die die Sendungen mitschnitten und heimliche Fan-Clubs ins Leben riefen. Nicht wenige deutsche Emigranten kehrten nach Kriegsende in amerikanischen Regierungsdiensten nach Deutschland zurück - als Kultur- und Presseoffiziere oder in sonstigen Funktionen im Rahmen der Aufgaben der Besatzungsmacht. So war beispielsweise »Mr. Froman« von den ehemaligen Comedian Harmonists »Programm Officer« beim RIAS und Mitbegründer des bald mit dem Glenn-Miller-Sound Furore machenden RIAS-Tanzorchesters. Ein anderer »Programm Officer«, Fred Jacobsen, stieg mit beträchtlichem Erfolg schon bald ins deutsche Schlagergeschäft ein, zahlreiche Presse- und Kultur-Offiziere wurden zu bedeutenden Anregern und Ratgebern in der deutschen Publizistik und der kulturellen Szene.

John Hendrik, der während des II. Weltkrieges ebenfalls im »Office of War Information« tätig gewesen war, sah seine persönliche Zukunft nicht als Besatzungsoffizier im Regierungsdienst. Er ging nach London und sang am Prinzess Theatre die Tenorrolle in der »Dubarry«. 1950 kam er nach Deutschland und unternahm Konzerttourneen durch die Amerika-Häuser, trat in Paris und Zürich auf. 1957 ließen er und Lotte Hendrik sich endgültig wieder in Berlin nieder. Lotte Hendrik, ehemals Ballettmeisterin, half ihm noch tatkräftig beim Aufbau des »Club 18«, doch dann verstarb sie nach schwerer Krankheit. Seinen eigentlichen Einstand beim RIAS hatte er mit Sendereihen wie »Heute so beliebt wie damals« und »Klingendes Amerika«. Später versammelten er und seine zweite Frau, Monika Hendrik, als unermüdliche und umsichtige Producerin, die große und kleine Prominenz und interessante Gäste der Stadt in hunderten von Sendungen »Zweites Frühstück mit John Hendrik«, zu denen auch die älteren Ostberliner Mitbürger strömten. Von 1981 an war dann der live aus der Deutschen Oper gesendete »RIAS-Opernstammtisch« John Hendriks Lieblingsproduktion, brachte sie ihm doch seine eigene Jugend als Sänger nahe. In seinem Leben reihten sich künstlerische und Medienerfolge der unterschiedlichsten Art aneinander. Es war ausgefüllt mit unzähligen Begegnungen: Künstler, Originale, Publikum aus West und Ost, Opernintendanten, Weltstars und Krähstimmchen des Single-Plattenmarktes, Diplomaten, Politiker, Autoren. Nach der »Wende« holte sich auch der Sender »Antenne Brandenburg« den Oldtimer des RIAS ins Programm. Das Motto seiner ersten RIAS-Sendereihe »Heute so beliebt wie damals« fiel auf ihn selbst zurück. Das Geheimnis seiner hervorragenden Kondition bis ins hohe Alter hat er nie verraten. Vielleicht besteht es in einer beneidenswerten inneren Ausgewogenheit.

Warum ist die Banane krumm ...
... und kann Hanussen wirklich hellsehen?

Das Telefon Iäutete: »Carl Lindstöm A.G., Herr Direktor Offenbacher möchte Sie sprechen, ich verbinde.« - - - »John, ich bekomme soeben einen Anruf aus London: Die Proben für Ihr Konzert bei der BBC beginnen früher, Sie müssen noch heute abend abreisen. Sie haben doch schon Ihre Fahrkarte! Der Nachtzug nach Holland ist auch meistens nicht sehr besetzt.« - »Ich hatte mit Donnerstag gerechnet, heute ist Montag, aber wenn's sein muß ...« - »Die Produzenten erwarten Sie am Mittwoch zur ersten Probe. - - - Übrigens waren heute zwei Herren hier, die Sie dringend sprechen wollten. Ich sagte Ihnen, meines Wissens wären Sie morgen früh wieder hier. Sie wollen morgen wiederkommen.«

Jetzt verstand ich! Vor einigen Tagen hatte ich eine Auseinandersetzung mit einem jungen Mann gehabt, es war Ende März 1933, der in der Firma als Erster mit einer Hakenkreuzbinde um den Arm erschienen war und in widerlichster Weise die Juden beschimpft hatte. Dabei waren es gerade die jüdischen Direktoren, die dafür gesorgt hatten, daß er seine Stellung behielt, weil er seine alte Mutter ernähren mußte. An sich war er völlig unbrauchbar. Im Laufe unserer Unterhaltung war er so ausfallend geworden, daß ich ihm in meiner Wut eine schallende Ohrfeige verabreichte. »Das wirst Du noch bereuen!« rief er und lief davon. Er hatte also anscheinend seine Drohung sofort in die Tat umgesetzt: Die beiden »Herren«, die mich sprechen wollten, waren von der Gestapo!

»Natürlich fahre ich noch heute, Herr Direktor - wie soll ich Ihnen für alles danken?« - »Schon gut, Mr. Francis, einer unserer jüngeren Manager wird Sie in London von der Bahn abholen, alles Gute ... und viel Erfolg!«

Die »Carl Lindström A.G.« war eine der führenden Schallplattenfirmen, die spätere »Electrola«. Ich volontierte dort nach dem Abitur im Friedrich-Werderschen Gymnasium, sollte Kaufmann werden und war der Sektion »Büromaschinen« zugeteilt. Weder wußte die Chefin etwas mit mir noch ich mit den Büromaschinen anzufangen, es zog mich nur in die Aufnahmestudios. Deshalb versuchte ich, mich da möglichst »unentbehrlich« zu machen, beispielsweise indem ich den Künstlern Kaffee und Essen holte. Die Hauptsache für mich war, zu zuhören, dabei sein zu können. Wenn dann die Aufnahmen beendet waren und endlich alle das Studio verlassen hatten, setzte ich mich oft an den Flügel und sang Schlager.

Als ich eines Tages mal wieder so vor mich hin schmetterte, sagte plötzlich jemand: »Hübsche Stimme haben Sie, hätten Sie Lust, mal 'ne Probeaufnahme zu machen?« - »Ich? Probeaufnahme? Wieso, haben Sie Tauber rausgeschmissen?« - »Ich meine das ganz ernst,« erwiderte er lachend, »meine Sekretärin wird mit Ihnen die Einzelheiten besprechen«. Damit entschwand er, der Chef der Aufnahmeabteilung! Bereits einige Tage später erhielt ich zum Einstudieren die Noten von zwei Schlagern. Kurz darauf fand die Probeaufnahme statt.

»Nu zeig mal, Kleener, was Du kannst,« kam es zynisch vom Toningenieur. Nach einigen Versuchen meinte er: »Auf geht's, es kann nur noch besser werden!« Nach schweißtreibenden zwanzig Minuten hatten wir die beiden Titel im »Kasten«, auf der Wachsrolle, und der Mann vom Ton sagte versöhnlich »Mehr kann ich aus Dir nicht herausholen ...«

Der Direktor war begeistert. Er thronte in seinem riesigen Büro hinter einem Schreibtisch voller Akten, an den Wänden Fotografien sämtlicher Berühmtheiten der damaligen Musikszene. Ich konnte auch erspähen, daß die oberste »Akte« die Speisekarte war ...

»Gratuliere, ich brauche einen Refrainsänger für die Tanzorchester. Wäre das nicht etwas für Sie?« Welche Frage an einen Volontär der Schreibmaschinenabteilung! »Wir lassen den Volontärvertrag bestehen, und pro Aufnahme zahle ich Ihnen 20 bis 50 Mark. Vielleicht sollten Sie die in Gesangsstunden investieren, dann wird vielleicht aus Ihnen mal ein zweiter Caruso!« sagte er im Scherz und entließ mich aus dieser für mein Leben entscheidenden Audienz. Er konnte freilich nicht ahnen, daß für mich von nun an feststand, daß ich Sänger werden mußte, und nichts anderes interessierte mich mehr. Meinen ersten Titel nahm ich mit dem seinerzeit berühmten Orchester Fred Bird auf, der eigentlich Tute Lehmann hieß: »Warum ist die Banane krumm ...« Auch damals zeichneten sich Schlager nicht gerade durch brillante Texte aus. Bird reduzierte erst mal meinen enormen gesanglichen Einsatz, indem er mich ganz irdisch darauf hinwies, daß ich daraus keine Opernarie machen sollte. Der Gute! 1957 traf ich Fred Bird in der Schloßstraße in Berlin wieder. Er verkaufte aus einem Bauchladen Bockwürste!

Nachdem ich einige Monate eifrigst studiert, zu Hause dabei meine Umgebung mit stundenlangen Gesangsübungen, genauer »Brüllübungen« traktiert hatte, machte mich mein Lehrer auf ein Vorsingen im Theater des Westens aufmerksam. »Die suchen dringend Tenöre. Gehen Sie doch mal hin, vielleicht haben Sie Glück.« Ich war sehr skeptisch. Ich hatte doch überhaupt keine Bühnenerfahrung, weder als Schauspieler noch als Sänger. Aber ich ging hin, jung, übermütig und voller Neugier, ich wollte alles wissen.

Pünktlich um zehn Uhr am Bühneneingang in der Kantstraße fragte mich der Portier gönnerhaft, was ich denn wolle. »Natürlich vorsingen!« »Wat denn, Du ooch, bisten Kastrat?« »Was ist denn das?« »Na einer, bei dem se unten was abjeschnitten haben, damit er oben höher singt,« und lachte sich scheckig über seinen Witz. Aber er wies mir den Weg durch die eiserne Tür zu den Brettern, die die Welt bedeuten.

Zu meinem Schrecken hatten unzählige andere Sänger die gleiche Idee, die Bühne war jedenfalls rappelvoll mit Tenören, Baritonen, Sopranistinnen und, und, und ... Sie sangen sich die Seele aus dem Leib, bis aus dem dunklen Zuschauerraum jeweils monoton die unpersönliche Stimme erklang: »Danke, der Nächste, bitte.« »Ich hau' ab«, sagte ich um drei Uhr zu mir selber, »sonst stehe ich heute abend noch hier, nur um dieses stereotype ›Danke!‹ zu hören. Nee, danke!«

Im Foyer wartete geduldig meine Freundin, meine spätere erste Frau Lotte. Ich erzählte ihr von der »Hölle« da drinnen und meinem Entschluß. »Geh' sofort wieder rein, Du bist nur feige!« Ich wartete also weiter bis vier Uhr nachmittags, als die Stimme - der Theaterdirektor - rief: »Tut mir leid, aber ich habe eine wichtige Besprechung. Wir müssen aufhören und machen morgen um zehn Uhr weiter.« Wutentbrannt rannte ich nach vorne an die Rampe und rief: »Morgen habe ich leider keine Zeit, Herr Direktor, können Sie mich nicht doch noch schnell anhören?«

Einen Moment war es sowohl auf der Bühne als auch unten im Zuschauerraum ganz still. Unerhört! Wer war dieser Frechling? Schließlich kam lachend die Aufforderung: »Gut, singen Sie!« Ich zog meine Noten aus der Tasche und gab sie dem Pianisten. Dann sang ich Kálmáns Lied »Zwei Märchenaugen«. Schweigen. Aus dem Dunkel des Zuschauerraums kam die Stimme des Direktors: »Bitte, singen Sie noch etwas, möglichst einen Lehár-Titel!« - »Dein ist mein ganzes Herz?« fragte ich, nun schon etwas mutiger. Kaum war meine letzte Note verklungen, bat man mich, runterzukommen. »Sie haben eine hübsche Stimme und sehen auch gut aus ...« Ich wartete auf das »aber«, doch es kam nicht.

»Wie lange brauchen Sie, um die Partie des Prinzen Sou-Chong zu studieren?« »Vierzehn Tage« erwiderte ich aufs Geratewohl, obwohl ich noch nie eine Partie einstudiert hatte und natürlich nicht abschätzen konnte, wie lange ich brauchen würde. »Melden Sie sich morgen im Büro für die Vertragsformalitäten. Wir bieten Ihnen erst einmal 25 Abende. Wenn sie die Partie studiert haben, melden Sie sich schleunigst.« Wie im Traum ging ich über die Bühne zurück ins Foyer, die immer noch gespannt wartenden restlichen Bewerber nahm ich kaum mehr wahr und schwebte dem Ausgang zu.

Eifrigst studierte ich die Partie und hatte sie bereits nach zehn Tagen »drauf«. Voller Tatendrang rief ich am Montag früh im Theater an. Man war etwas erstaunt. »Wir rufen Sie an,« lautete die knappe Antwort des Künstlerischen Betriebsbüros. Deprimiert legte ich den Hörer auf. Ich hatte an diesem Tag auch keine Lust mehr, mich an mein geliebtes, etwas verstimmtes Klavier zu setzen. Jedoch, es geschahen noch Wunder. Bereits am folgenden Tag kam der ersehnte Anruf: »Bitte kommen Sie morgen um zehn Uhr zur ersten Bühnenprobe und anschließend in unser Büro!« Ein wenig zittrig vor Schreck und Freude stolperte ich zu meinem Klavier zurück, von dem ich mich erst abends wieder trennte ...

Am nächsten Morgen stand ich schon um neun Uhr auf der Bühne und wartete einsam und allein. Pünktlich erschien ein Regisseur, stellte sich vor und sagte: »Na, dann wollen wir mal!« Er war erstaunt darüber, daß ich die Rolle schon so sicher im Griff hatte. Voll des Lobes bestellte er mich für den nächsten Tag zu einer weiteren Probe - wir hatten vier Stunden gearbeitet - und schickte mich dann ins Büro. »Bitte unterschreiben Sie hier, wenn Sie einverstanden sind. Wir bieten Ihnen zwanzig Vorstellungen zu je 50 Mark. Alles Weitere teilen wir Ihnen noch mit!«

Das Telefon schreckte mich am folgenden Morgen um acht Uhr auf. Mein Freund Franz am anderen Ende schrie voller Begeisterung: »Du, ich gratuliere Dir, ist ja toll!« - »Ich weiß nicht, was Du meinst ...« - »Hast Du denn noch nicht die B.Z. am Mittag gesehen, die Schlagzeile auf der Titelseite?« »Nein, was ist denn? ...« »Zweihundert singen vor - einer erhält den Vertrag!« Auch andere Tageszeitungen brachten die Meldung, zwar nicht so ausführlich, aber immerhin!.. Nach vier Probentagen rief mich das Theater an: »In acht Tagen, also am kommenden Sonntag, singen Sie das erste Mal, zunächst in der Nachmittagsvorstellung.«

Mein Kopf begann zu dröhnen. Ich, Tauber nachsingen, dem ich vor einigen Monaten im Studio noch aus dem Mantel geholfen hatte ...! Die Chefs bei der Lindström A.G. waren sehr großzügig und gewährten mir alle Zeit, die ich brauchte. Natürlich sang ich weiter die neuesten Schlager auf Schallplatten und erhielt sogar die Erlaubnis, auch bei anderen Firmen Aufnahmen machen zu dürfen, allerdings unter anderem Namen. So sang ich beispielsweise bei Electrola mit dem berühmtesten deutschen Tanzorchester Marek Weber, einem hervorragenden Geiger, der auch auf klassischem Gebiet Karriere hätte machen können ...

Endlich kam also der große Tag meines ersten Auftritts im Theater des Westens. Ich weiß noch genau, wie ich zitternden Herzens vor einer Garderobentür stand, auf der in großen Buchstaben »Herr Hendrik« zu lesen war. Nachdem ich mich genug daran geweidet hatte, trat ich ein. Ein Garderobier kam geflissentlich auf mich zu, um mir aus dem Mantel zu helfen. »Möchten Sie einen Kaffee oder Tee oder sonst irgend etwas«, fragte er. »Tee wäre mir ganz angenehm, aber Sie brauchen sich nicht zu beeilen«. Ich mußte einfach erst mal allein sein, den Augenblick genießen.

Ich schminkte mich selber und hatte alles Notwendige mitgebracht. Nach dem ersten Akt kam der Direktor persönlich in meine Garderobe und fragte: »Wer, um Gottes Willen, hat Sie denn so

11

geschminkt?« Kleinlaut gestand ich meine Selbstherrlichkeit. »Sie sehen ja aus wie ein Teufel, der die Gelbsucht hat. Runter mit dem Zeug, ich werde das mal machen.«

Der zweite Akt begann, und darin mußte ich das Hauptlied »Dein ist mein ganzes Herz« singen. Richard Tauber, für den Lehár dieses Lied einst schrieb, hatte es aufgenommen und sofort Hunderttausende von Platten verkauft. Im Theater mußte er den Song Abend für Abend viele Male wiederholen. Jetzt war ich dran. Das Orchester begann mit dem Vorspiel und mein Zwerchfell bebte. Der Kapellmeister gab mir mit freundlichem Lächeln den Einsatz, und ich sang automatisch, in meinem Kopf dröhnte alles durcheinander. Nachdem ich die drei letzten hohen Töne herausgeschleudert hatte, erscholl wie aus weiter Ferne ein brausendes Getöse. Erst langsam begriff ich, daß das Publikum wie wild applaudierte und »da capo« rief. Dreimal mußte ich das Lied wiederholen, die Musiker klopften auf ihre Instrumente. Ich war selig! Nun durfte ich auch die Abendvorstellungen oft singen.

Eines Tages wurde ich zur Direktion gerufen. Man wollte mich als ersten Tenor ans Central Theater in Dresden schicken. Dort wurde »en suite« gespielt, jeweils alle vierzehn Tage gab es eine Neuinszenierung. Ich war natürlich begeistert, nahm unbezahlten Urlaub von Lindström, versprach aber, für Aufnahmen weiter zur Verfügung zu stehen. Es waren ja nur drei Stunden Fahrt nach Berlin. Also fuhr ich mit meiner Frau Lotte nach Dresden und nahm mir eine Wohnung auf dem Weissen Hirsch.

Die Arbeit im Theater war hart, tagsüber Proben und abends Vorstellung, aber es war ein ausgezeichnetes Training. In kurzer Zeit hatte ich ein Repertoire, wie es die meisten Sänger kaum jemals erwerben konnten. Im »Dreimäderlhaus« sang ich mit Tauber zusammen, er natürlich den Schubert und ich seinen Freund Baron von Schober, der das Lied »Ich schnitt es gern in alle Rinden ein« zu singen hatte. Tauber begleitete mich am Flügel. »Zarewitsch«, »Friederike«, »Land des Lächelns«, »Cárdásfürstin«, »Schwarzwaldmädel« sind nur einige der Operetten, in denen ich die Hauptrolle sang.

Die »Dubarry« von Millöcker/Mackeben dirigierte übrigens Tauber selber, weil seine damalige große Liebe, die bildhübsche und dazu

»Kapellmeister« Richard Tauber

John Hendrik (ganz links), Richard Tauber (3. v. lks, mit Brille) in
»Das Dreimäderlhaus« von Heinrich Berté / Franz Schubert

13

noch mit toller Stimme gesegnete Russin Mary Lossef die Titelpartie sang. Silvester 1932 feierten wir alle unbeschwert im Dresdner Hotel Bellevue, die sich anbahnende Tragödie noch nicht ahnend; der berühmte Heldentenor Max Lorenz war auch dabei.

Der Direktor des Dresdner Theaters war ein Original, ein Berliner namens Kurt Lerch. Sein Vater war Logenschließer im Theater des Westens. Wir waren fast jeden Abend ausverkauft, und Lerch sagte zu meiner Frau: »Du jlobst doch nich etwa, daß die Meechens wejen die Stimme von Deinem Süssen herkommen, die wollen janz wat anderes!«

Von Lindström erhielt ich Noten für die nächsten Plattenaufnahmen, darunter auch Paul Linckes bekannten Song: »Schlösser, die im Monde liegen«. Nun wußte ich, daß Lincke jeden Nachmittag in einem Café auf dem Weissen Hirsch mit dem Vater von Tauber Skat spielte, ich kannte ihn natürlich nicht persönlich. Ich ging hin, entschuldigte mich für die Störung und sagte mein Sprüchlein: »Verzeihen Sie Herr Lincke, ich muß übermorgen in Berlin Ihr Lied ›Schlösser, die im Monde liegen‹ aufnehmen. Könnten Sie es bitte mit mir einstudieren, ich wohne drei Minuten von hier, dort steht im Garten ein kleiner Pavillon mit einem Klavier?« Im gleichen Moment bekam ich einen Schreck vor meiner eigenen »Chuzpe«. Er entschuldigte sich jedoch sofort bei seinen Freunden: »Ich bin bald wieder hier.« Nach einer halben Stunde hatte ich das Lied intus, und Lincke gab mir die Hand, entschwand mit den Worten: »Wenn Sie wieder was von mir aufnehmen, genieren Sie sich nicht!«

Am 2. Januar 1933, als ich ins Theater kam, sah ich, daß meine Bilder aus dem Schaukasten gerissen worden waren, dafür war groß reingekritzelt: »Juden raus«. Ich war entsetzt und hatte sofort einen neidischen Kollegen in Verdacht, der gerade in Urlaub gegangen war. Am Neujahrsmorgen hatten sich nämlich die Ballettmädels und Chorsängerinnen zusammengetan und waren mit Schlitten vor meiner Haustür erschienen. Sie sangen Emmerich Kálmáns »Mädels gibt es wunderfeine« aus der »Czárdásfürstin« und wollten mich zu einem Ausflug abholen. Natürlich machte so etwas bei den Kollegen böses Blut. Mein Direktor, mit dem ich mich angefreundet hatte, war außer sich wegen der Schmiererei.

Hendrik als Danilo in »Die Lustige Witwe«

JOHN HENDRIK

Berlin = Charlottenburg 4
Dahlmannstraße 23
Telefon: **C 2 Bleibtreu 0888**

LETZTE TONFILME BEI:
    Lamprecht, Fröhlich
OPERETTE:
    Rotterbühnen, Komische Oper
    „Land d. Lächelns", „Viktoria
    und ihr Husar", „Blume von
    Hawai", „Hotel Stadt Lem=
    berg", „Friederike",
    „Zarewitsch" usw.
SCHALLPLATTEN=
ENGAGEMENTS:
    Exklusiv=Vertrag Lind=
    ström, Odeon, Parlophon
RUNDFUNKENGAGEMENTS:
    Berlin, Barcelona
SPRACHEN:
    Deutsch, französisch, englisch,
    spanisch
STIMMGATTUNG:
    Lyrischer Tenor
GESPIELTE INSTRUMENTE:
    Klavier
SPORTARTEN:
    Auto, Leichtathletik, Boxen,
    Schwimmen, Rudern.

Phot.: Ortéga, Berlin   M 2284

15

»Das Schwein schmeiß ich sofort raus«, rief er empört. »Kurtchen,« erwiderte ich ruhig, »sei mir nicht böse, aber suche Dir einen neuen Tenor, heute singe ich noch, aber morgen fahre ich zurück nach Berlin. Ich versuche, irgendwie ins Ausland zu kommen, denn unter den Nazis schwant mir nichts Gutes!« Er versuchte alles, um mich zurückzuhalten, aber mein Entschluß stand fest: Ich muß weg.

Nebenbei gesagt, als ich 1957 aus New York nach Berlin zum RIAS kam und meine Sendungen viel in der DDR gehört wurden, war der »nette« Kollege einer der Ersten, der mir schrieb, wie sehr er sich freue, daß ich wieder in Deutschland sei. Es hätte nur noch gefehlt, daß er mir geschrieben hätte, seine jüdische Großmutter sei gerade gestorben. So, wie mir fast jeder Zweite damals versicherte, daß er einen jüdischen Verwandten oder besten Freund gehabt hätte.

Ich fuhr also ein letztes Mal nach der Vorstellung hinauf zum Weissen Hirsch, bepackt mit Blumensträußen meiner »Fans«. Der Straßenbahnschaffner fragte in seinem besten Sächsisch: »Wo mußte denn noch so spät die scheenen Bliemchen abliefern?« Ich sah eben noch so verdammt jung aus ...

In Berlin angekommen rief ich erst einmal Direktor Offenbacher an und erzählte ihm von Dresden. »Ich wollte Ihnen gerade heute einen Brief schicken« sagte er. »Die BBC sucht für ein Lehár/ Kálmán-Konzert einen jungen, möglichst nett aussehenden Tenor. Ich möchte deshalb mit Ihnen eine Probeplatte aufnehmen - ein Operettenlied - und die Aufnahme möglichst schnell nach London schicken, versuchen kann man es ja mal. Kommen Sie übermorgen mit Noten ins Studio, und bringen Sie auch ein oder zwei Photos von sich mit.« Ich war natürlich von der Idee begeistert, aber ob ich dafür schon gut genug war ... ? Mehr als das oft gehörte »Nee, danke« konnten die ja auch nicht sagen!

Ich fand das Ganze ein wenig größenwahnsinnig, besonders, da man zugleich auch Platten von Richard Tauber und Josef Schmidt nach London schickte. Den Ausschlag mußte schließlich wirklich mein sehr jugendliches Aussehen gegeben haben: denn ich wurde engagiert! Natürlich war ich überglücklich. Begreiflicherweise hatte ich aber auch eine gehörige Portion Angst.

Bevor ich nun von meinen zum großen Teil nicht alltäglichen

Erlebnissen berichte, sollte ich vielleicht kurz von meinem »Background« erzählen. Meine Familie war gutbürgerlich, künstlerisch einseitig belastet. Zwei meiner Tanten mütterlicherseits waren Sängerinnen, die eine berühmt, die andere nicht. Die berühmte, Margarethe König, war eine echte Theaternatur, die ihre Kollegen mit den für die damalige Zeit ungewöhnlichen Koseworten wie »Scheisser« und »Arschlöcher« bedachte, und das, obwohl sämtliche männlichen Verwandten Akademiker waren. Berühmte Partner von ihr waren Caruso und D'Andrade.

Leopoldine, kurz Poldchen genannt, besaß eine ganz hübsche Sopranstimme, allerdings mit einem drei Oktaven umspannenden Tremolo, das in ihren älteren Jahren dem Winseln meines Hundes nicht unähnlich war. Sie war aber eine ganz liebe, humorvolle Person. Wenn bei uns eine Party war, mußten natürlich beide Schwestern ihre Künste zum Besten geben, wozu sie sich nach längerem Zureden von höchstens zehn Sekunden herabließen. Der Disput, wer beginnen sollte, dauerte etwa 40 Minuten, was mir jeweils Gelegenheit bot, diesem künstlerischen Genuß zu entweichen.

Meine Mutter war klug, mit einem ausgeprägten Sinn für Humor und einem herzerfrischenden Schuß Albernheit. Mein Vater kam aus reichem Hause, hatte aber durch mangelnde Menschenkenntnis und die Inflation den größten Teil seines Vermögens verloren. Er war ein ehrenhafter, leider zu anständiger Mensch. Ich hatte außerdem eine Schwester, ungemein attraktiv, über sie möchte ich später berichten.

Zurück zu meinem Telefongespräch mit Direktor Offenbacher. Unmittelbar danach packten wir schleunigst unsere Koffer und trafen uns noch kurz mit Elly Silman in einem nahe gelegenen Café. Sie wanderte später auch aus und arbeitete bei einer großen Künstleragentur in Hollywood. Sie wurde in den 50er Jahren eine der bekanntesten Künstleragentinnen in Berlin, hatte eine Zeitlang unter anderen auch Hildegard Knef unter ihren Fittichen. Elly berichtete uns gerade von ihrem Erlebnis am Abend zuvor. Der damals bekannte Hellseher Hanussen war mit einigen SA-Männern ins Romanische Café gekommen und hatte verschiedene Journalisten halb tot schlagen lassen.

Fast im gleichen Moment ging die Tür auf! Herein stolzierte Ha-

17

Hendriks Mutter Elsbeth

Hendriks Schwester Edith

nussen, gefolgt von seinen SA-Leuten. »Das ist er,« raunte Elly. »Wenn er wirklich so gut ist, laß uns intensiv den Begriff ›verfluchtes Schwein‹ denken, mal sehen, ob er wirklich hellsehen kann!« Er näherte sich unserem Tisch und hielt abrupt hinter meinem Stuhl an! Meine Frau und Elly flüsterten: »Bleib' um Gottes Willen ganz ruhig«, und wir begannen, ziemlich laut über London zu sprechen. Hanussen blieb wie zu Stein erstarrt einige Minuten hinter uns stehen und ging dann langsam zu seinen Freunden. Meine Frau schmiß einen Geldschein auf den Tisch, Sekunden später waren wir draußen. Glück gehabt, daß wir noch mal mit »keinem blauen Auge« davon gekommen waren. Bekanntlich wurde Hanussen später von seinen eigenen Leuten im Grunewald erschossen.

Wir rasten nach Hause, packten unsere wenigen Habseligkeiten zusammen und fuhren zum Bahnhof. Nur 50 Mark durfte man ins Ausland mitnehmen, aber das regte uns nicht weiter auf. Wir waren natürlich zu früh am Bahnhof Zoo, aber hier würde uns ja sicher niemand suchen. Endlich kam der Zug, und wir fuhren Richtung Holland, warfen keinen Blick zurück, obwohl Berlin doch unsere Heimat war. Nur weg, dieser einzige Gedanke bewegte uns.

Kurz vor der Abfahrt war noch ein etwa fünfzehnjähriges Mädchen mit seinem kleinen Bruder in unser Abteil eingestiegen. Sie setzten sich stumm und verängstigt, jeder in eine Ecke. Es dauerte lange, bis wir ins Gespräch kamen. Sie waren zwei Tage und zwei Nächte bei der Gestapo am Alexanderplatz eingesperrt gewesen, die jüdischen Eltern hatte man bereits zwei Tage zuvor abgeholt. Die Kinder sollten zu Verwandten nach Holland fahren. Kurz vor der holländischen Grenze kamen zwei Polizisten in unser Abteil: »Die Pässe, bitte ...« Ich hatte in meinen Paß den Arbeitsvertrag von der BBC gelegt. Ein kurzer Blick, und ich erhielt meine Papiere zurück, mein Herz schlug zum Zerspringen. Dann nahmen sie die Pässe der Kinder und studierten sie, wie mir schien, endlos lange. Dann: »Die Koffer runter und raus ...« Die Panik in den Augen der Kinder werde ich nie vergessen!

The world is mine tonight
Der »first tenor« der BBC erobert London

Als wir am nächsten Tag in London ankamen, wurden wir - wie verabredet - von Mr. Francis abgeholt, einem äußerst liebenswürdigen Mann und genau so, wie ich mir den »typischen Engländer« vorstellte: mit »Schirm, Charme und Melone«. Auch die rote Nelke im Knopfloch fehlte nicht. Mr. Francis war ungemein bemüht um uns und erledigte alle Formalitäten. Dann fuhr er uns ins »boardinghouse«, unsere Pension. »Ich hole Sie morgen früh um neun Uhr ab. Wir fahren nach Hampton Court, wo Sie sich die herrliche Blumenpracht ansehen müssen«, sagte er und verschwand. Wir packten die notwendigsten Sachen aus und spazierten noch ein wenig durch die Straßen Londons. Früh gingen wir zu Bett, vor Aufregung konnte ich natürlich nicht schlafen. Ich stand auf und sah zum Fenster hinaus.

Eine »Dame« stand auf der gegenüberliegenden Straßenseite und wartete auf Kundschaft. Endlich kam einer, sie verhandelten kurz und zogen ab. »Warum schläfst Du nicht?« rief plötzlich meine Frau. Erschrocken antwortete ich: »Ich beobachte hier was.« »Ja, was denn?« »Wie lange so ein Termin dauert, und wie das Geschäft hier überhaupt läuft.« »Wozu kommst Du nach London? Um Nutten zu beobachten? Willst Du vielleicht einen Stall aufmachen? Schlaf Dich lieber aus, wir haben eine ziemlich schwere Zeit vor uns.«

Ich blieb aber noch bis die »Dame« zurückkam. Ihre Schminke leuchtete durch die Nacht. Zwei Kunden hatte sie noch bedient, bevor ich schließlich in mein Bett zurückkehrte. Ich freute mich, daß ihr Geschäft blühte und rechnete mir noch aus, daß meine erste Probe in der BBC in 37 Stunden beginnen würde ... endlich schlief ich ein.

Der große Tag war gekommen, und ich ging zur Anmeldung ins BBC Funkhaus. Ein sehr hübsches, junges Mädchen empfing mich: »Oh, Mr. Hendrik, ich begrüße Sie herzlichst in London, Sie werden schon dringend erwartet. Ein Boy wird Sie ins Studio geleiten.« Sie drückte auf einen Knopf, und von irgendwoher erschien ein geschniegelter, junger Mann in Livree. »Good luck« säuselte sie noch hinter mir her, und der Boy und ich nahmen Kurs auf das Studio. Ich wurde mit größter Höflichkeit begrüßt und dem Boss vorgestellt. »May I present Mr. Hendrik, this is Mr. Machwitz.« Er streckte mir sehr freundlich seine Hand entgegen und sagte: »So habe ich Sie mir ungefähr vorgestellt, und wenn Sie auch noch singen können...« »Vorhin ging's noch - aber man kann nie wissen,« erwiderte ich. »Humor hat er auch, na, dann kann ja nichts mehr schiefgehen.« Ich lernte den Chefdirigenten und das Orchester kennen. Der Dirigent machte die üblichen Sprüche und die Musiker »pokerfaces«. Ich ging aufs Podium, hatte zuerst ein Lied von Lehár zu singen. Ich zitterte am ganzen Körper, fand mich schrecklich. Als ich geendet hatte, klatschten die Musiker, der Dirigent sagte »Wonderful«, und auch sonst verlief die Probe so gut, daß erst einmal wenigstens ein Teil meines Selbstbewußtseins wiederkehrte.

Endlich! Der Tag meines ersten Auftritts in London. Ich war unglaublich aufgeregt. Schließlich hing Sein oder Nichtsein von einem Erfolg beziehungsweise Mißerfolg ab. Der große Sendesaal war ausverkauft. Ich stand auf der Bühne hinter dem Seitenvorhang, mein Herz klopfte wild. Die Musiker saßen auf ihrem Platz, der Dirigent eilte an mir vorbei, sagte leise »Good luck«, und wurde mit großem Beifall empfangen. Er begann mit der Ouvertüre zur »Lustigen Witwe«, das Publikum applaudierte begeistert. Hinter mir hörte ich eine Stimme: »Sie können jetzt langsam raus gehen.« »Ich?« natürlich ich. O je, meine Beine gehorchten mir plötzlich nicht, sie waren wie angewurzelt. »Kommt, verdammt noch mal, Ihr könnt doch nicht hier stehen bleiben«. Endlich folgten sie mir, und ich ging etwas steifbeinig bis zur Mitte der Bühne. Freundlich begrüßt vom Applaus, machte ich eine tiefe Verbeugung. Das Blut mußte mir dadurch in den Kopf gestiegen sein, denn ich sauste plötzlich zwei Schritte vorwärts. Mein erschrecktes Gesicht brachte mir noch einen weiteren Applaus ein, ich drehte mich um und ging zurück hinter mein Mikrofon. Auf den fragenden Blick des Dirigenten nickte ich zum Zeichen, daß ich bereit war. »Freunde, das Leben ist lebenswert« war mein erster Titel. Der Beifall war groß, nur der oberste Chef der BBC schüttelte während meines Gesanges unentwegt den Kopf.

Das war zwar nicht gerade ermutigend, doch der Beifall nahm von Lied zu Lied zu. Zum Schluß nicht enden wollender Applaus. Der

Chef eilte auf mich zu, schüttelte sein Haupt immer wieder und sagte: »Sie haben eine wunderbare Stimme, wir werden noch viel mit Ihnen machen!« Ich schwebte hinein in den siebenten Himmel, wurde aber schnell wieder zurückgeholt: Ein Mann sprach mich an, gratulierte mir, stellte sich vor: »Ich bin Beamter der Einwanderungsbehörde, Sie wissen, daß Sie spätestens übermorgen England wieder verlassen müssen.«

Ein Hammer schien direkt auf meinen Kopf zu fallen! Wo sollte ich hin? Zurück nach Deutschland würde gleichbedeutend mit Selbstmord sein ... Ein älterer Herr näherte sich mir, ich glaubte, er würde mich gleich mitnehmen. »Mein Name ist Laurillard. Könnte ich Sie einen Augenblick sprechen? Ich möchte Ihnen einen Vorschlag machen. Ich bin Manager und vertrete eine Anzahl prominenter Künstler in England.« Ich erklärte ihm meine Situation, und daß es sinnlos sei, etwas mit mir bereden zu wollen, da ich ja das Land verlassen müßte. »Vielleicht kann ich Ihnen ja helfen. Wären Sie bereit, den Walzer aus der ›Lustigen Witwe‹ als Begleitung für ein weltberühmtes Tanzpaar zu singen, und zwar im ›Ciro Club‹, in dem sich der Prinz of Wales abends auszuruhen pflegt?« Mein Gott, ich würde sogar Teller waschen, wenn ich in England bleiben dürfte. Zu Mr. Laurillard sagte ich: »Hört sich interessant an, aber, wie ich schon sagte, ich muß doch hier raus.« - »Passen Sie auf: Sie fahren morgen nach Frankreich, nach Calais. Ich gebe Ihnen die Adresse eines Hotels. Alles Andere überlassen Sie mir. Ich schicke Ihnen dann ein Telegramm und die nötigen Papiere. Nicht ungeduldig werden, Sie werden schnellstens von mir hören, es wird schon alles klappen. Kommen Sie morgen früh um acht Uhr in mein Büro, und unterschreiben Sie einen Vertrag bevor Sie abfahren.«

Der Dirigent sauste atemlos auf mich zu. »Gut, daß Sie noch da sind, Sie müssen uns helfen. In einer Stunde haben wir in einer anderen Sendung einen Gast, auch aus Berlin, den Komponisten Friedrich Holländer, der unter anderem ›Ich bin von Kopf bis Fuß auf Liebe eingestellt‹ für die Dietrich geschrieben hat. Er möchte unbedingt, daß zwei Lieder von ihm in der Sendung gesungen werden. Könnten Sie uns da helfen?« Natürlich konnte ich, und zwar mit Begeisterung, außerdem verdiente ich ja so noch ein paar Englische

Pfund mehr! Holländer begleitete mich am Flügel, und ich sang »Wie hab' ich nur leben können ohne Dich« und »Eine kleine Sehnsucht.« Auch dieses Engagement wurde ein großer Erfolg!

Am nächsten Morgen stand ich Punkt acht Uhr im Büro von Mr. Laurillard und unterzeichnete einen Managervertrag, bevor wir nach Calais abfuhren. Was konnte schon sein, ich hatte ja eine Stimme. Wenn nichts klappen würde, konnte ich nach Paris fahren und dort erst mal auf der Straße singen. Schön, wie man als junger Mensch noch die Fähigkeit hat, das so schwierige Leben doch leicht zu nehmen!

Lotte war da weniger optimistisch, sie fügte sich aber mit besorgtem Herzen in unser Schicksal!

Am übernächsten Morgen saß ich bereits um sieben Uhr in der Lobby des Hotels in einem alten, bis zum Fußboden durchhängenden, grünen Plüschsessel und wartete auf die Post. Das war natürlich dumm von mir, es konnte ja noch gar nichts aus London gekommen sein. »Hier rum zu sitzen ist unsinnig, laß uns zum Hafen gehen und uns die Stadt anschauen.«

Am folgenden Morgen die gleiche Routine ... warten ... wieder nichts. »Hier auf die Post zu lauern und unsere wenigen Kröten aufzubrauchen, bringt auch nichts! Noch zwei Tage warten wir, ich habe Vertrauen zu Mr. Laurillard«, meinte ich zu Lotte. Aber als der Postbote auch zwei Tage später noch nichts brachte, beschloß ich abzureisen. »Laß' uns noch mal kurz in die Stadt gehen, ein paar Sachen einkaufen und uns erkundigen, wann wir einen Zug nach Paris kriegen«, meinte ich zu meiner Frau. Als wir an der Loge des Concierges vorbei kamen, war sie leer. Wir nahmen uns selbst unseren Zimmerschlüssel und wollten gerade die Treppe hinauf gehen, als der Concierge hinter uns her rief: »Monsieur, ein Telegramm für Sie.« Ich rannte zurück und riß ihm das Papier aus der Hand. Zuerst konnte ich vor Aufregung nichts lesen, aber dann entzifferte ich: »Alles o.k.- Brief, Vertrag, Aufenthalts- und Arbeitsbewilligung folgen.« Ich küßte versehentlich den Concierge, weil ich dachte, meine Frau stünde vor mir, aber auch sie kam nicht zu kurz. Wir tanzten ausgelassen jubelnd durch die Lobby, vorbei an dem versteinerten Concierge! »Jetzt gehen wir groß essen, Champagner, Kaviar, Lachs und,

und, und ...« Etwas angetütert kamen wir abends nach Hause. Wir fühlten uns glücklich, alle Not schien von uns genommen zu sein! Totmüde sank ich ins Bett und schlief das erste Mal seit langem wie ein Murmeltier.

Es klappte dann wirklich alles sehr gut. Der liebe alte Laurillard erwartete uns an der Bahn, als wir wieder in London eintrafen. Sein sonst so pessimistischer Gesichtsausdruck war ausgesprochen positiv. »Dreissig Tage Aufenthalt und Arbeitserlaubnis haben Sie, solange geht erst einmal Ihr Engagement, vorausgesetzt, daß Sie erfolgreich sind. Ich habe Sie für morgen früh bei Flossie Freedman angemeldet, die mit Ihnen einige englische Texte einstudieren wird. Sie ist die beste Lehrerin in England. Eine möblierte Wohnung habe ich auch bereits für Sie gemietet, denn wenn Sie Erfolg haben, müssen Sie auch repräsentieren können.«

Wir fuhren direkt in die für englische Begriffe sehr elegante Wohnung. Vor der Haustür stand ein livrierter Mann, der mir großen Respekt einflößte, und dem ich zum Entsetzen von Laurillard die Hand schüttelte und mich vorstellte. Meine Frau stieß mich in die Verlängerung meines Rückens, jedoch zu spät. Laurillard verabschiedete sich schnell, sagte nur: »Viel Glück, hier ist die Adresse von Flossie, bitte pünktlich um neun Uhr dort sein - ich melde mich!«. Weg war er ...

Nach schlafloser Nacht traf ich pünktlich bei Miss Freedman ein. Sie war eine ältere, sehr nette Dame, die ein »basement«, also eine im Souterrain gelegene Wohnung, bewohnte. Diese Appartements sind übrigens sehr begehrt und teuer. Zur Begrüßung sprang mir ein riesiger schwarzer Kater auf die Schulter und wollte es sich dort gemütlich machen. »Hier mein Honigkuchen,« sagte sie, setzte ihn auf den Tisch und schob ihm ihren Teller mit Fisch, Chips und Käse hin. Ich brauchte ja, Gott sei Dank, dort nichts zu essen. Flossie war ebenso rundlich wie groß, hatte ein liebes Gesicht, ein nicht zu übertreffendes Selbstbewußtsein und war wirklich eine hervorragende Lehrerin. Die größten Stars in London hatten bei ihr Sprachunterricht. Ich lernte ziemlich schnell und studierte natürlich u. a. den Walzer aus der »Lustigen Witwe« in Englisch ein.

Der Abend meines ersten Auftritts im »Ciros Club« kam. Viele

Proben brauchte ich ja nicht und war auf jeden Fall um zwanzig Uhr dort. Ein mit Migräne geschlagener Pianist erschien zwanzig Minuten später und probierte das Lied mit mir zweimal durch. »O.k.« sagte er und zeigte mir, wie wir uns mit Hilfe eines Spiegels verständigen würden, denn das Publikum sollte mich ja nur hören und gar nicht sehen. Den Kopf schüttelnd, entschwand er und ließ mich einfach stehen. Ich wußte nicht, ob ihm seine Migräne zu schaffen machte oder ob er mich so schrecklich fand. Die Show sollte eine Stunde später beginnen.

Ich war wahnsinnig nervös. Ich weiß nicht, wie oft ich meine Frackkrawatte zu binden versuchte, bis ich sie am rechten Platz hatte. Warum ich einen Frack trug, wußte ich eigentlich auch nicht, da ich ja unsichtbar bleiben sollte. Ich stellte mich dauernd vor einen Spiegel und fand mich eigentlich ganz nett aussehend mit meiner frischen roten Nelke im Knopfloch! Die Show begann pünktlich. Ich stand verborgen in meinem Eckchen auf der Balustrade. Zuerst tanzte das Paar eine Rumba und erhielt sehr großen Beifall. Nun war ich dran. Der Walzer begann, ich starrte in meinen Spiegel, auf den Pianisten, der mir meinen Einsatz gab. Eigentlich war das ein leichter Job, der Walzer ließ sich gut singen, hatte keine sehr hohen Töne. Die Attraktion war ja auch das Tanzpaar. Der Applaus wurde stärker und plötzlich ging es los: »Sing again - sing again, da capo - encore.« Mir war das im ersten Moment richtig unangenehm. Das Publikum gab keine Ruhe, bis man mich aus meiner Ecke holte. Die Tänzer standen wie versteinert und schauten mich fassungslos an. Also - da capo, noch einmal. Wieder die gleiche Begeisterung. Laurillard war da, Flossie war da - sie strahlten!

Am nächsten Abend der gleiche Jubel. Nach der Show wollte ich schnell nach Hause, da ich morgens schon sehr früh eine Besprechung im Schallplattenstudio haben sollte. Flossie, die es sich nicht hatte nehmen lassen, auch am zweiten Abend dabei zu sein, fuhr mich nach Hause. Unterwegs fiel mir ein, daß ich ja meine Noten ins Studio mitnehmen mußte. Sie lagen im Club, also kehrten wir auf halbem Wege wieder um. Als wir wieder im »Ciros« ankamen, rannte mir der Oberkellner entgegen und rief: »Ein Glück, daß Sie noch mal zurückgekommen sind. Der Manager liegt schon mit Magenschmerzen in seinem Büro, da er weder Ihre Adresse noch Telefonnummer hat. Er muß Sie unbedingt sofort sprechen!«

Mir schwante schon wieder Furchtbares, wollen sie mich rausschmeißen? Ach Quatsch! Schnell ging ich ins Büro, der Manager schaute auf und rief: »Sie schickt mir der Himmel! Warten Sie einen Moment« und verschwand. Sofort kam er mit zwei bildhübschen jungen Damen zurück: »Darf ich Ihnen Mr. Hendrik vorstellen: das sind Prinzessin X und Fürstin Y ...« Sie gratulierten mir, dann fragte die eine Hoheit: »Wenn Sie morgen abend Zeit haben, würde der Prince of Wales gerne mit Ihnen hier dinieren, wir werden auch dabei sein.« »Es ist mir natürlich eine große Ehre,« erwiderte ich artig und wähnte mich in einem schönen Traum. Die Damen verabschiedeten sich lächelnd von mir.

«Sind die echt oder soll das ein Witz sein?« fragte ich den Manager. »Sir, diese Damen belieben nicht zu scherzen,« antwortete er etwas pikiert. »John, that's extraordinary«, flötete Flossie und fuhr mich mit verträumten Augen nach Hause ... »Spinnst Du oder bist Du betrunken,« war der kurze Kommentar meiner Frau. Es ist schon etwas seltsam, was das Schicksal so manchmal mit uns treibt: Vor einigen Tagen möglicherweise noch knapp dem Tode entronnen und nun, hier und heute, eine Dinnereinladung vom englischen Kronprinzen, das war schon unglaublich!

Am nächsten Abend war ich bereits um halb acht Uhr im Club und harrte der Dinge. Ich riß mir Nietnägel in die Finger, lief herum, setzte mich, die Zeit wollte einfach nicht vergehen. Endlich erschien der Manager. Ich sprang von meinem Stuhl auf, trat in meine Frackschösse, stolperte, er fing mich auf und meinte nur: »Keep cool, Sir!« Mitleid und Verachtung spiegelten sich in seinem »stoneface« wider. Er schleppte mich runter in den Club zu einem toll gedeckten Tisch. »Königliche Hoheit, may I present Mr. John Hendrik!« Der Prinz erhob sich: »Schön, daß Sie kommen konnten, die Damen kennen Sie ja wohl schon, bitte, nehmen Sie Platz!« Ich entschuldigte mich dafür, daß mein Englisch noch nicht so gut sei. Aber trotz meines Kauderwelschs kam es schnell zu einer lustigen Unterhaltung. »Als ich einmal in Berlin war, hörte ich in einer Operette einen fröhlichen Song, der mir nicht mehr aus dem Kopf geht. Sie kennen ihn

John Hendrik London 1934

bestimmt: ›Puppchen, Du bist mein Augenstern‹ «. »Natürlich,« sagte ich, und begann sofort, den Schlager zu singen. »Wunderbar,« sagte er und begann mitzusingen, legte seinen Arm um meine Schultern und schunkelte.

Nach kurzem Zögern umarmte ich ihn auch, und es war alles eitel Freude, bis ich einen energischen Tritt an mein Schienbein verspürte, den mir der Adjutant, der auf der gegenüberliegenden Seite des Tisches saß, verpaßte hatte. Um halb zehn erlaubte ich mir, mich zu verabschieden, denn die Show mußte ja beginnen. Das Tanzpaar war verständlicherweise bereits sehr sauer auf mich. »Es hat mir Spaß gemacht,« sagte der Prinz, »wir müssen das bald wiederholen.« In den folgenden Wochen dinierten wir noch einige Male, bis Mrs. Simpson auf der Szene erschien, damit war alles vorbei.

Ich sah den Prinzen erst wieder, als er bei der Beerdigung seines Vaters King George den Trauerzug anführte. Ich stand ganz vorn in der neugierigen Menge auf dem Bürgersteig, als er bei mir vorbeikam. Er muß mich erkannt haben, denn er zwinkerte mir zu. Nun war er König Edward VIII. von England! Als der Zug vorüber war und die Menge sich zerstreut hatte, verharrte ich lange an der Stelle und dachte über diese merkwürdige Welt nach!

Die Show aber blieb so erfolgreich wie am ersten Tage. Eines abends erschien Laurillard im Club und wollte mich sprechen. Mir fuhr natürlich ein Schreck in die Glieder, weil ich meinen Rausschmiß befürchtete. Als die Show zuende war, ging er mit mir an die Bar, bestellte zwei Whisky. Ich wartete voller Unbehagen ab. »Also - ab Montag werden Sie die Show alleine bestreiten, die Tänzer hören auf. Sicher haben Sie doch genug Repertoire, um eine halbe Stunde zu füllen! Ich habe bereits einen Vertrag in der Tasche, jetzt ist es up to you - liegt es an Ihnen.« Ich konnte es nicht fassen, fiel ihm um den Hals und bestellte noch zwei doppelte Whisky, obwohl ich das Zeug nicht ausstehen konnte.

Bereits der erste Abend war ein toller Erfolg, ich sang über eine Stunde. Den Tänzern gegenüber hatte ich zwar ein schlechtes Gewissen, aber es war ja nicht meine Schuld, daß sie nicht mehr auftreten durften. Am zweiten Abend meiner Soloshow schickte mir Barbara Hutton, die Woolworth Erbin, ein Billet mit der Bitte, an ihren Tisch zu kommen. Ich (Idiot) lehnte ab. Heute weiß ich, daß ich nicht aus Größenwahnsinn, sondern aus Unsicherheit so reagierte. Ein Graf bat mich, eine Woche lang täglich ein Liebeslied für seine Freundin ins Telefon zu singen - sie wohnte in New York! Lady Cunard, Inhaberin der Cunard Lines, damals die größte Luxus-Schiffahrtslinie der Welt, brachte mir Grüße von ihrem Freund, dem berühmten Dirigenten Sir Thomas Beechham. Er ließ anfragen, ob ich die Rolle des Sängers im Rosenkavalier in der Königlichen Oper, Covent Garden, singen würde! Das traute ich mir allerdings doch noch nicht zu, dazu hatte ich zu wenig studiert.

In jenen Tagen war gerade der erste Hollywoodfilm mit ausschließlich farbigen Sängern und Schauspielern herausgekommen: In den Hauptrollen der berühmte Sänger Paul Robeson und die ganz junge Nina Mae Mc. Kinney. Sie war nach England gekommen, um als Star einer großen Show London zu erobern, ein bildschönes, aber etwas verrücktes Mädchen. Während der Probenzeit erschien sie auch im »Ciros«. Sie war so angetan von meinem Gesang, daß sie nicht weggehen wollte, bevor ich ihr mit Ehrenwort folgendes Versprechen gegeben hatte: Ich sollte jeden Abend, bevor ich in den Club ging, in ihre Theatergarderobe kommen, um ihr einen Kuß zu geben. Ich hielt das für einen Witz, aber sie bestand darauf. Versprochen war versprochen, und so zog ich jeden Abend ins Theater und küßte sie. Ich bin ja auch kein »Kostverächter«, aber leider war die Mutter immer dabei! Nach einer Woche schminkte ich mir deshalb diese unrentable Tätigkeit ab. Am Premierenabend ging Nina übrigens tatsächlich nicht auf die Bühne, die Mutter war schon völlig »ausgeflippt«, bis ich erschien. In New York gab es mal eine Sendung, die hieß: »Monkeys are the craziest people«- Affen sind die verrücktesten Menschen! Ich habe Nina Mae übrigens nie wiedergesehen. Nach zwei Monaten beendete ich mein Engagement im Club, eine schöne Zeit mit vielen interessanten Erlebnissen!

Jetzt meldete sich auch die BBC wieder mit sehr erfreulichen Angeboten. Zuerst kam die männliche Hauptrolle in Emmerich Kálmáns »Zirkusprinzessin«. Ich hatte viele Dialoge zu sprechen und Flossie setzte ihre ganze Energie ein, damit ich auch mit einem akzeptablen Englisch über die Rampe kam. Ich schlug vor, Kálmán nach London kommen zu lassen. Das klappte auch, er reiste aus Wien an und dirigierte. Es wurde ein ganz großer Erfolg, und man engagierte mich sofort für die Hauptrolle der Strauß-Operette »Der Zigeunerbaron«. Die BBC aus Belfast in Nordirland bot mir gleich mehrere Abende an, u.a. ein Singspiel, das man extra für mich geschrieben hatte.

Es wäre also alles bestens gewesen, wenn nur nicht die gräßlich stürmische Überfahrt auf dem Rückweg zu bestehen gewesen wäre. Selbst die Matrosen, die mich als »Fische fütternde Wasserleiche« unter ihre Arme nahmen, waren seekrank. Wir torkelten kreuz und quer durch den Speiseraum, in dem sich viel stöhnende Masse Mensch aufhielt, die sich am Boden wand. Es stimmt übrigens nicht, daß man sofort, wenn man wieder festen Boden unter den Füßen hat, in Ordnung ist. Mir war noch fast eine Woche lang sehr elend zumute. Um so mehr freute ich mich über meine frisch gepreßten ersten Schallplatten in den Schaufenstern von London.

Prince Edward hatte mich ja seinerzeit danach gefragt, und ich hatte ihm versprochen, natürlich sofort die ersten Exemplare schicken zu lassen. Naiv und bürgerlich, wie ich war, beschloß ich, die Platten selber im St. James Palace abzugeben. Ich ging hin und klingelte am Eingangsportal. Nichts geschah, ich klingelte noch mal. Ein grimmig aussehender »Gorilla« im schwarzen Anzug erschien und fragte mich barsch, was ich da wollte. »Ich möchte nur Schallplatten für seine Hoheit abgeben, er hatte mich darum gebeten.« Ungläubig starrte er mich an, sagte: »Einen Moment - warten Sie hier.« Er ging ins Schloß und kam mit einem zweiten, dünneren Gorilla zurück. »Geben Sie mir das Paket«, sagte er, und der andere ließ langsam seine Hand in die Hosentasche gleiten. Ich nahm an, er würde jeden Augenblick einen Revolver rausziehen. Der andere öffnete ganz vorsichtig das Paket und sah sich jede Platte genau an. Dann nickte er: »O.K., sagen Sie Ihrer Firma, Sie solle das nächste Mal die Post bemühen.« Grußlos zogen beide ab. Wahrscheinlich haben sie das Paket gleich in die Mülltonne geworfen ...

Wie so oft im Leben, überschlugen sich eines Abends die Ereignisse, nachdem wir vorher gemütlich am Kamin gesessen hatten. Innerhalb von fünfzehn Minuten klingelte es zweimal, kurz nach zehn Uhr, als ein Vetter von mir, der auf einige Tage aus Stockholm zu Besuch war, gerade eine tote Maus aus dem Kohlenkasten angelte. Lotte schrie entsetzt auf, mir wurde übel, aber ich rannte zur Tür, um nachzusehen, wer uns so spät noch belästigte. »Wer ist da,« fragte ich durch die geschlossene Tür. »Ich muß Sie unbedingt sprechen«, tönte es gedämpft von draußen. Ich fragte zurück: »Wer sind Sie denn?« - »Ich bin Jean Gilbert!« - »Ach wirklich? Ich bin Franz Lehár und schlafe schon«, antwortete ich wütend. Aber der Mann ließ sich nicht abwimmeln: »Ich bin wirklich Jean Gilbert.«

Vorsichtig öffnete ich die Tür. Vor mir stand ein großer, korpulenter Mann mit Schnauzbart. »Die BBC hat mir Ihre Adresse gegeben und erzählte mir über Ihren schnellen Erfolg. Ich muß in zwei Tagen England verlassen und dachte, daß Sie mir einen Ratschlag geben könnten, denn wir sitzen ja im dem selben Boot.« Auch er wußte nicht wohin. Ich gab ihm alle meine in Frage kommenden Adressen, er wollte am nächsten Tag sein Glück versuchen. Mehr konnte ich für ihn leider nicht tun. Wäre er damals dabei gewesen, als der Prince of Wales »Puppchen« mit mir sang, das Jean Gilbert ja geschrieben hatte, vielleicht hätte es genützt. Immerhin war er der berühmte Komponist der großen Revuen und Operetten des alten Berliner Metropoltheaters, dessen Melodien eigentlich jedermann kannte. Es half alles nichts, er mußte England verlassen, die Immigration Officers machten keine Ausnahmen! Glücklicherweise gelang es Gilbert, später in Südamerika eine zweite Karriere zu machen!

Nachdem Jean Gilbert gegangen war, wandte ich mich wieder meinem Vetter zu, der ebenfalls drei Tage später England wieder verlassen mußte. Der Brief an ihn von der Behörde war unterzeichnet mit ...your obedient servant - Ihr gehorsamer Diener! Es klingelte erneut: »Sicher hat Gilbert etwas vergessen,« sagte ich und ging zur Tür. Eine mir unbekannte Stimme säuselte. »Entschuldigen Sie vielmals die späte Störung, aber es ist wirklich dringend.« Ich öffnete die Tür, mein Vetter konnte mir ja notfalls mit dem Feuerhaken zu Hilfe kommen! Ein etwa vierzigjähriger, verängstigt dreinschauender, elegant gekleideter Mann stand draußen und erging sich in Entschuldigungen. »Darf ich reinkommen, ich möchte Ihnen einen Vorschlag

31

machen. Die ganze Angelegenheit ist äußerst eilig.« Ich ließ ihn ein, und er sprudelte nach den Vorstellungsformalitäten sofort los. Sein Name war Dean. »Ich produziere Kurzfilme für Kinos. Das sind Filme von drei bis fünf Minuten Dauer. Sie laufen, bevor der Hauptfilm gezeigt wird, in allen großen Häusern. Ich würde mich freuen, wenn Sie daran interessiert wären und würde erst einmal fünf solcher Kurzfilme mit Ihnen drehen. Sie müßten jeweils zwei Lieder aufnehmen.« Die Gage hörte sich gut an, und ich sah eigentlich keinen Grund, nicht zuzustimmen, sollte die ganze Sache wirklich ernst gemeint sein. Es pressierte so sehr, weil Mr. Dean schon das Studio gemietet hatte. Sogar einen fertigen Vertrag hatte er dabei, den ich mir gründlich durchlas und schließlich unterschrieb. Ich war nun einige Monate lang in fast allen englischen Kinos zu sehen und zu hören. Das war natürlich eine gute Publicity für meine Platten! Übrigens: nach meiner letzten BBC Show hatte die London Times geschrieben: »Endlich scheinen wir wieder einen jungen Caruso zu haben«. Was natürlich maßlos übertrieben war, aber gefreut hatte es mich natürlich doch.

Laurillard war nicht untätig gewesen und brachte mir gleich zwei Verträge. Die bekannte Lady Milbank wollte, daß ich vier Wochen in ihrem feudalen Club singen sollte, und zwar zur Mitternacht. Eigentlich wollte ich so etwas nicht mehr machen, aber die Gage war zu verlockend. Zur gleichen Zeit sollte ich ein Engagement in Brighton, dem bekannten Badeort, in einem riesengroßen Kino antreten und dort jeweils um siebzehn und um zwanzig Uhr je zwei Songs singen. Das ließ sich gut einrichten, da ich ja bei Lady Milbank erst um Mitternacht erscheinen mußte. Sie bot mir an, mich täglich in ihrem Rolls Royce nach Brighton und wieder zurück chauffieren zu lassen, Brighton war ja nicht so weit entfernt von London.

In Brighton war ich zu einem großen Empfang bei der Oberbürgermeisterin geladen. Man hatte mich vorher instruiert, sie mit »your Worship« - Euer Ehren - anzureden. Sie war eine sehr freundliche, sehr korpulente Dame. Als ich ihr vorgestellt wurde, sagte ich artig: »I am delighted, your warship!« - Ich bin erfreut, Sie Kriegsschiff! Es entstand eine peinliche Pause, niemand verzog eine Miene, bis die Bürgermeisterin in schallendes Gelächter ausbrach.

Mit anderen Worten: ich hatte richtiges Glück in dieser Zeit. Alles lief hervorragend. Ich kaufte mir einen neuen, nicht so großen Ford. Die BBC hatte für eine große Sendung einen Titelsong für mich schreiben lassen: »The world is mine tonight« und die Noten lagen mit einem großen Foto von mir in fast jedem Musikgeschäft aus. Ich sang in den Sendungen auch Opernarien und deutsche Lieder. Laurillard meinte: »So eine schnelle Karriere habe ich selten erlebt, unglaublich. ...« Ich unterbrach ihn heftig voller Aberglauben: »Um Gottes Willen, sagen Sie das nicht noch mal.« Er antwortete kurz: »Ich habe einen großen Filmvertrag für Sie.«

Ich sollte die Hauptrolle in einem Musikfilm mit dem Titel »Give me a chance, Madame« spielen. Nach einigen Probeaufnahmen in Elstree, dem Filmzentrum nahe London, wurde es tatsächlich Ernst. Man stellte mir eine »Stargarderobe« zur Verfügung, und ich bekam eigentlich erstmals etwas Angst wegen meiner reichlich traumhaften Karriere.

Es gelang mir, 1934 meinen Vater nach London einzuladen, der auch sehr schnell anreiste. Meine Mutter war leider schon 1931 gestorben. Später mußte ich sagen, glücklicherweise, da sie so den Nazimördern entging. Als ich meinen Vater mit dem Filmproduzenten bekannt machte, fragte er ihn naiv: »Glauben Sie wirklich, daß mein Sohn Talent hat?« Ich versank beinahe in den Boden vor Schreck. Aber da mein Vater kaum Englisch sprach, hatte er die Frage nicht verstanden und fragte mich, was er gesagt hätte. »Oh, er hätte schon immer gewußt, daß ich ein außerordentlich begabter Mensch wäre, der eine große Karriere vor sich hätte!« Leider blieb mein Vater nur ein paar Tage. Ich beschwor ihn, nicht zurück nach Berlin zu fahren. Heftig argumentierte er: »Ich - Mein Deutschland verlassen - niemals!« Das Vaterland hat es ihm gedankt! Er kam 1939 mit Krebs ins jüdische Krankenhaus in Berlin. Die Schergen Hitlers erschienen an seinem Bett und verhießen ihm zynisch: »Wenn Sie in drei Tagen nicht gesund sind, müssen wir Sie leider mitnehmen.« Wie ich aus sicherer Quelle erfuhr, schlug er Ihnen ein »Schnippchen« und starb vor Ablauf der »Frist«, vielleicht hatte ihm aber auch ein gnädiger Mensch dabei geholfen, das bleibt ein Geheimnis des Schicksals.

Von meinem Filmproduzenten hatte ich nichts mehr gehört, aber in der Branche war das ja wohl nichts Außergewöhnliches, ich hatte ja auch so genug zu tun. Ich erhielt ein Angebot, in einer Revue im »Prince of Wales Theater« aufzutreten, drei Vorstellungen täglich mit jeweils zwei Liedern. Es war ziemlich uninteressant, wurde aber gut bezahlt. Bei all diesen Engagements muß man bedenken, daß damals natürlich nicht die Wahnsinnsgagen von heute gezahlt wurden.

In der Revue trat auch eine indische Schlangentänzerin auf, sehr hübsch mit dem üblichen roten Fleck auf der Stirn, sehr schwarzhaarig. Ihre Garderobe, die sie mit ihrem Partner teilte, lag direkt neben der meinen. Er war mit Flöten- und Klarinettenspiel der Schlangenbeschwörer. Eines Tages schienen sie nach der Vorstellung eine nicht zu überhörende Meinungsverschiedenheit zu haben. Da ich die beiden nie vorher hatte sprechen hören, staunte ich nicht wenig, als es stimmgewaltig in vertrauter Mundart durch die Wand dröhnte: »Det nächste Mal hau' ick Dir eens in de Fresse, wenn De die Dreckviecher nicht schneller aus'n Korb holst!« Sie stammte aus Pankow ...

Von der Filmfirma hatte ich immer noch nichts gehört, Laurillard auch nicht. Mich packte die Wut, ich rief dort an und verlangte, den Chef zu sprechen. Angeblich war er verreist und niemand wußte, wann er zurückkommen würde. Auch an den folgenden Tagen erhielt ich die gleiche niederschmetternde Antwort! Der versprochene Vorschuß kam auch nicht. Also fuhr ich persönlich in die Wardourstreet, wo alle großen Filmfirmen ihre Büros hatten. Ich erwischte zufällig einen der Chefs und stellte ihn zur Rede. Als ich ihn nach dem Drehbeginn des Films fragte, druckste er nur herum. Jetzt wurde ich wirklich zornig, verlangte den Vorschuß und den endgültigen Termin der Dreharbeiten. Nach einigen Sekunden schließlich platzte er mit der Wahrheit heraus: »Wir mußten Konkurs anmelden, da wir die versprochenen Gelder nicht bekommen haben.« - »Dann geben Sie mir einen Scheck aus Ihrem Privatvermögen, oder ich gehe sofort zu meinem Anwalt und verklage Sie wegen Betruges.« Hinterher war ich erstaunt über meine Frechheit, jedenfalls muß irgend etwas mit seinen Geschäften faul gewesen sein, denn er schrieb mir sofort einen Scheck über zweihundertfünfzig Pfund aus. Als Gegenleistung mußte ich nur unterschreiben, keine weiteren Forderungen an die Firma zu stellen. Mehr war wirklich nicht herauszuholen, sie waren tatsächlich pleite.

Meine Enttäuschung war natürlich grenzenlos. Irgendwie beschlich mich das Gefühl, daß eine Art Stillstand in meiner Karriere eingetreten war, und die Revue im »Prince of Wales« Theater langweilte mich. Es war zunächst eben alles zu schnell gegangen, und trotz der großen Erfolge wartete ich auf die »Supersensation«, den »Kick«, wie man heute sagen würde. Für die BBC hatte ich auch erst wieder in einigen Monaten zu tun. Selbst die Aufforderung der BBC, bei einem neuen Medium, der sogenannten »Television«, in einer Versuchssendung aufzutreten, munterte mich nicht auf. Jeder vielbeschäftigte Mitarbeiter des Radios mußte sich für eine solche Versuchssendung zur Verfügung stellen, das Honorar dafür betrug drei Pfund. Als ich lustlos in meinem Ford ins Studio zuckelte, hätte ich beinahe einen Glaser umgefahren, der mit einer riesigen Scheibe über den Damm ging. Er fluchte, und ich steckte ihm übermütig die Zunge raus. Zwei Wochen später erhielt ich eine Gerichtsvorladung. Durch meine Autonummer hatte er meinen Namen herausbekommen und mich verklagt. Auf dem Gericht mußte ich mich in eine Reihe Angeklagter stellen, die von einem Schnellrichter abgeurteilt wurden. Jeder vor mir bekannte sich schuldig. »Fünf Shilling,« sagte der Richter jedes Mal. Nun kam ich an die Reihe: »Schuldig oder nicht schuldig?« - »Nicht schuldig« - »Fünf Pfund« sagte der Richter und beschloß den Vormittag. Ich Idiot!!

In London lief zwar alles ganz gut für mich, aber es war nicht das, was ich erträumte. »Weißt Du,« sagte ich zu meiner Frau, »wenn ich hier so schnell Karriere gemacht habe, warum ließe es sich in Amerika nicht genau so wiederholen? Laß uns mal rüberfahren, schon informationshalber.« - »Wenn Du Dir etwas davon versprichst, versuchen könnten wir es ja mal. Laß uns mit Laurillard darüber sprechen. Je mehr ich es bedenke, desto vernünftiger finde ich die Idee. Wir sollten sie so schnell wie möglich realisieren.« Als wir ihn am nächsten Tag in unsere Pläne einweihten, meinte er: »Tun Sie, was Sie nicht lassen können. Die BBC hat eine große Produktion für Sie in Vorbereitung. Ich denke mal, bis Buch und Musik fertig sind, werden Sie eh' wieder in London sein.«

Wir hatten zwar in den letzten Monaten viel Geld für Wohnung, Auto und anderes ausgegeben, aber für zwei Tickets erster Klasse nach New York reichte das Geld gerade noch. Ausserdem besorgte ich mir einen Kreditbrief über 400 Dollar, und Mr. Francis gab mir einen Brief an Mr. Heineman, den Inhaber der damals berühmten Schallplattenfirma »O. K.« mit. Er schrieb ihm, daß ich der Lieblingssänger des »Prince of Wales« gewesen war und die BBC bereits auf meine Rückkehr warte. Wir erledigten noch alles Notwendige, packten unsere Koffer und schifften uns ein, First Class, auf der »Queen Mary« zur Fahrt ins Ungewisse!

New York, New York ...
Endlich am Times Square und Broadway, aber wie geht's nun weiter?

Wir genossen den Duft der »großen Welt« auf dem Luxusliner. Es machte Spaß, abends im Smoking am Captain's Dinner teilzunehmen, und obwohl mir zuweilen gar nicht so fröhlich zumute war, ließ ich mich doch gerne vom Jubel, dem Trubel und der Heiterkeit anstecken und betäubte damit ein wenig meine Angst vor der Zukunft. Wenn ich tagsüber an Deck im Liegestuhl in die herrliche Sonne blinzelte, kam ich mir jedoch zuweilen verrückt vor wegen meines Leichtsinns. Aber ich tröstete mich dann mit meinen Erfolgen in England. Warum sollte ich sie nicht jenseits des »Teichs« wiederholen können?!

Die Überfahrt verlief ohne Zwischenfälle. Unsere Herzen schlugen heftig, als wir die Freiheitsstatue passierten und die ersten Lichter New Yorks erblickten. »Was willst Du eigentlich in New York machen?« fragte Lotte, »außer Deinem Vetter, der dort nachts in einer Bank Geld zählt, kennst Du doch keinen Menschen ...« Nachdem das Schiff angelegt hatte und die ersten Passagiere an Land gegangen waren, kam ein Immigration Officer auf uns zu und bat uns, zu warten. Sicher will mich jemand »willkommen« heißen, dachte ich. Wir warteten ungefähr 40 Minuten, nichts geschah. Nach weiteren 35 Minuten erschien der Mann wieder, sagte: »Setzen Sie sich. Wie lange wollen Sie in den Staaten bleiben?« »Tja, vielleicht drei Wochen, wir sind uns noch nicht sicher.« »Wieviel Geld haben Sie dabei?« »Geld? Einige Pfunde und einen Kreditbrief über von 400 Dollar.« »Sir, es tut mir leid, aber ich kann Sie nicht einreisen lassen.«

Wie sagt man so schön? Ich dachte, mich tritt ein Pferd! Ich war im Moment sprachlos. Innerlich bebend, trotzdem äussert höflich, versuchte ich ihn zu einer Meinungsänderung zu bewegen, er blieb stur. Ich drohte auszuflippen. Aber bevor ich zu pöbeln anfing, sagte Lotte: »Zeig ihm den Brief an Mr. Heineman.« »Das hilft auch nicht mehr!« erwiderte ich trotzig und mürrisch. »Zeig ihn!!!« Ich zog den Brief aus der Aktentasche und reichte ihn dem Beamten. Er las ihn tatsächlich. Als er an die Stelle kam, wo es hieß, daß ich der Lieblingssänger des Prince of Wales gewesen war und daß die BBC auf mich wartete, sprang er auf, salutierte, stempelte unsere Pässe und wünschte uns noch sehr freundlich eine schöne Zeit in den USA! Mann - waren wir schnell draußen! Da hatte sich doch der brave Bürger von dem Glanz der Royals becircen lassen. Unser Gepäck fanden wir auf der Straße wieder. Wirklich keine Empfehlung für die Schiffahrtsgesellschaft! Ich dachte: »Das fängt ja hervorragend an!«

Mr. Francis hatte uns die Adresse eines Hotels gegeben. Als ein LKW-Fahrer sich anbot, die Gepäckstücke irgendwohin zu transportieren, nannte ich ihm diese Hoteladresse. Wir nahmen ein Taxi. Unterwegs fragte mich meine Frau nach einem Beleg für die Koffer. »Beleg?« In der Aufregung hatte ich überhaupt nicht daran gedacht. »Na wunderbar, dann sind wir wahrscheinlich alles los. Wenigstens haben wir unsere Klamotten auf dem Leib, sonst müßten wir New York nackt unsere Aufwartung machen. Übrigens: Der Kreditbrief ist auch in einem der kleinen Koffer!« - »Man muß nur nicht den Kopf verlieren, sagte der Dieb, als er ›nur‹ gehängt und nicht geköpft wurde«, murmelte ich. Aber als wir im Hotel ankamen - wir konnten es kaum glauben - fuhr auch der Mann mit den Koffern vor. Das Hotel auf der »Eastside« war zwar alt, aber nicht verwelkt, mit dem Interieur eines alten englischen Kolonialhauses, snobby, aber trotzdem gemütlich. Auf der Treppe begegnete uns Curt Riess, ein alter Freund meiner Frau. »Ich wußte, daß Ihr heute ankommt und habe für abends eine kleine Party arrangiert. Kommt so gegen zwanzig Uhr ins Appartement 617.« Damit verschwand er. »Länger als eine Woche können wir hier nicht bleiben«, sagten wir uns, »im Höchstfall, sonst sind wir gleich pleite«.

Der Abend kam und mit ihm zehn Leute, die wir nicht kannten, außer meinem Vetter Kurt, der ein Schulkamerad von Riess war. Er hatte sich vom nächtlichen Geldzählen freigenommen. Riess entspannte die etwas verkrampfte Atmosphäre mit gewohntem Charme und stellte mich einem Mann vor, den ich nach dem Austauschen der üblichen sinnlosen Partyphrasen nach seinem Beruf fragte. Als Antwort drehte er sich um und ging weg. Ich verstand überhaupt nichts und beklagte mich bei Riess. Vielleicht hatte ich ja auch was Falsches gesagt. »Hast Du,« erwiderte Curt, »das war Walter Winchell, der einflußreichste Journalist Amerikas und zugleich der eitelste. Er kann Karrieren bauen oder sie auch kaputt machen«. Und ermutigend fügte er hinzu: » ... da sehe ich dunkel für Dich hier in den USA!« Dann stellte er mich Mrs. Christian, einer schon etwas älteren Dame vor. In Deutschland hatte es etwas vor meiner Zeit eine junge Filmschauspielerin namens Mädi Christians gegeben. Gekannt hatte ich sie nicht. Sie lachte und sagte in bestem Deutsch: »Das bin ich«! Um nicht in weitere Fettnäpfchen zu treten, zog ich mich unbemerkt von der Party in mein Zimmer zurück. Aufgeregt, dennoch totmüde sank ich ins Bett. »Ein herrlicher Anfang heute, wenn das so weiter geht, sind wir schnell wieder in England.« - »Wenn sie uns dort wieder reinlassen«, holte mich Lotte schnell wieder auf die Erde zurück.

Am nächsten Morgen frühstückten wir im Hotel. Ich war schrecklich nervös. »Ich gehe jetzt los!« meinte ich zu Lotte. »Wohin?« - »Das ist eine interessante Frage, so genau weiß ich es nämlich selbst noch nicht, aber erst einmal zum Times Square und Broadway«. Diese ersten Schritte auf dem New Yorker Pflaster gehören mit zu meinen unvergesslichen Eindrücken: die riesigen, bunten Leuchtreklamen, die nicht enden wollenden Autoschlangen und die Menschenmassen. ... Immerhin war es ja erst 1936! ...«So, und wie geht's nun weiter?« - »Sieh mal, in das Haus dort gehen andauernd Menschen mit Noten und Schallplatten, laß uns doch mal rübergehen und einfach den Nächsten, der wie ein Künstler aussieht, fragen, ob er uns weiterhelfen kann.« Ein freundlich aussehender junger Mann kam uns gerade entgegen, und ich sprach ihn an. »Entschuldigen Sie, wenn ich Sie anspreche, aber ich bin hier fremd und suche einen Theater- oder Sängeragenten. Ich sehe, Sie haben Noten in der Hand, vielleicht können Sie mir einen Tip geben ...« - »Das ist das berühmte Brill Building, in dem Hunderte von Musikverlegern ihre Büros haben. Im nächsten Haus finden Sie fast nur Theateragenten, wie z.B. die Sharr Agency, die gehört zu den bekanntesten am Broadway«.

Es war noch nicht ganz elf Uhr, und nachdem ich den Namen der Agentur am Stillen Portier gefunden hatte, fuhr ich hinauf zur 35. Etage und betrat selbstbewußt die Sharr Agency. Im Vorraum warteten so an die 30 Menschen. Einige lasen oder taten wenigstens so, andere starrten ausdruckslos vor sich hin, und wieder andere versuchten durch laute Gespräche mit daran Uninteressierten die Aufmerksamkeit auf sich zu lenken. Die Dame in der Anmeldung fragte mich stumpfen Blickes, was sie für mich tun könne. Ich schilderte meine Situation und bat, Mr. Sharr sprechen zu dürfen. »Take a seat,« sagte sie völlig emotionslos. Um drei Uhr fragte ich schüchtern nach, ob ich Mr. Sharr nun bald sprechen könnte. »Gerade hat er das Büro verlassen, aber morgen um zehn Uhr ist er wieder da!« Ich war enttäuscht und zornig, aber was half's, ich kannte ja sonst Niemanden. In meiner Wut raste ich die Treppen runter, im 25. Stock nahm ich dann doch lieber den Fahrstuhl.

Am nächsten Tag Punkt zehn Uhr war ich erneut im Sharr Office. Es war schon wieder überfüllt. Ich ging zu meiner »Freundin« und leierte nochmals mein Sprüchlein runter. »Take a seat,« beschied sie mich lakonisch. Um sechzehn Uhr wagte ich mich erneut an ihren Schreibtisch vor. »Ist Mr. Sharr nun bald frei?« »Gerade hat er das Büro verlassen, aber morgen früh ...« - »Danke, ich weiß, um zehn Uhr!« Am liebsten hätte ich den Schreibtisch eingetreten, aber ich beherrschte mich, ballte das Fäustchen in der Hosentasche.

Wie ich auf die Straße kam, weiß ich nicht mehr, jedenfalls bewegte ich mich in Richtung Fifth Avenue. »Freut mich, Sie hier zu sehen« hörte ich plötzlich eine Stimme einer sehr elegant gekleideten Dame. Zum Glück erkannte ich sie gleich: Miss Lilli Messinger, die Repräsentantin der Hollywood Filmfirma R.K.O. in London, der ich bei einem meiner Auftritte bei der BBC vorgestellt worden war. Ich erzählte ihr meine Erlebnisse. Sie war sehr verständnisvoll und beschwichtigte mich: »Ja, Amerika ist hart. Aber, man darf nie aufgeben! Da fällt mir übrigens ein, daß wir am Sonnabend eine große Wohltätigkeitsveranstaltung mit vielen Stars und Filmproduzenten aus Hollywood haben, vielleicht könnten Sie dort singen, es werden viele Prominente auftreten. Wenn Sie Lust haben, werde ich alles arrangieren, rufen Sie mich morgen früh an, hier ist meine Telefonnummer.« Sie verabschiedete sich, und ich bedankte mich etwas verunsichert.

Morgen um zehn Uhr, meine Schicksalszeit, das werden wahrscheinlich wieder »karierte Maiglöckchen« sein! Als ich sie verabredungsgemäß anrief, sagte sie: »Ich warte schon auf Ihren Anruf. Kommen Sie morgen um vierzehn Uhr mit Noten ins Waldorf Astoria Hotel zur Probe. Ich werde auch dort sein!« Mindestens zwanzig Künstler trudelten ein, darunter viele Berühmtheiten vom Film, als ich am nächsten Tag zur Probe erschien. Ich bekam richtiges »Fracksausen« und fand es schon wieder albern, bei soviel Prominenz mitmischen zu wollen. »Mr. Hendrik, please!« Ein freundlicher, grauhaariger Mann begrüßte mich. »Sie sind also der Wunderknabe aus England,« meinte er. Ich grinste ihn an und gab ihm meine Noten, sogar Orchestermaterial, das ich in meinem Schrankkoffer aus London mitgebracht hatte. Ich probierte »The world is mine tonight« und »Dein ist mein ganzes Herz«. Die Probe verlief problemlos und alle waren eigentlich recht freundlich zu mir. Lilli sagte: »Excellent« und »Good luck, bis morgen.. »

Der Sonnabend kam, aber merkwürdigerweise war ich nicht sonderlich nervös, weil ich mich eigentlich schon wieder in London sah. Ich holte meinen in England schon etwas strapazierten Frack hervor, auf dem ich einige abgewetzte helle Flecken entdeckte. Trotz größter Bemühungen bekam ich sie nicht weg. Im Gegenteil. Durch meine rabiate Säuberungsaktion wurde alles immer schlimmer. Da half nur noch eins: Mascara, schwarze Wimperntusche. Nachdem ich genug drauf geschmiert hatte, fand ich, daß dank meiner genialen Aktion der Frack sehr gewonnen hatte, ja, wie neu aussah. Lotte schüttelte nur stumm den Kopf!

Endlich war der Abend da, und um 22 Uhr kam ich zum Singen. Das Publikum klatschte begeistert. Lilli Messinger zerrte mich vom Podium zu einem Mann, der mir gratulierte und mich zum Champagner einlud: der New Yorker Chef der großen Filmfirma »Universal Pictures«. Nach dem üblichen Blabla fragte er: »Würden Sie nicht gern nach Hollywood gehen?« Ich muß wohl doch sehr dumm geguckt haben, denn er sagte: »Die Frage soll kein Witz sein. Mr. Newton könnte alles für Sie arrangieren. Einzelheiten besprechen Sie bitte morgen früh mit ihm in unserem Büro. Wenn Sie mit allem einverstanden sind, geben wir Ihnen ein Flugticket nach Hollywood, also bis dann!« Ich mußte mich kneifen, dachte zu träumen.

Newton empfing mich herzlich: »Falls Ihre Probeaufnahmen

unseren Vorstellungen entsprechen, bekommen Sie zunächst für die ersten sechs Monate pro Woche 750 Dollar. Das steigert sich dann ziemlich schnell auf 5000 Dollar. Sie könnten so ein singendes »In - between« zwischen Charles Boyer und Rudolf Valentino werden. Hier ist der Vorvertrag, lesen Sie ihn sich in Ruhe durch, und wenn Sie einverstanden sind, dann unterschreiben Sie. Außerdem habe ich hier das Flugticket für Sie nach Hollywood.« Ich las, aber in meinem Kopf kam einfach nichts an, er registrierte nichts. Nach einigen Minuten sagte ich »o.k.«, unterschrieb, und er reichte mir das Ticket. » ... auf ein paar Tage kommt es nicht an. Sie können in Ruhe fliegen, wenn Sie hier alles erledigt haben«.

Welch verrückte Kapriolen das Schicksal schlagen kann! Ich rief Lilli an, um mich bei ihr zu bedanken, und lief dann in eigenartiger Stimmung noch zwei Stunden durch die Straßen New Yorks, freudig, aber irgendwie zugleich auch deprimiert. ... Unsere Finanzen waren gar nicht rosig, und wer wußte, trotz allem, wann ich wieder Geld bekommen würde. Der Vorvertrag war ja sehr schön, aber doch eben noch nicht verbindlich. Ich hatte eine tolle Idee: »Wir tauschen die Flugscheine in zwei Eisenbahnkarten um.« Gesagt - getan. Ich rief Newton an und sagte, ich hätte noch in Washington zu singen und würde erst in einer Woche in Hollywood sein können! Er war einverstanden.

Als ich etwas später die Lexington Avenue entlangwanderte, rief plötzlich eine Stimme in deutsch: »Mensch, da bist Du ja, ich suche Dich schon in ganz New York!« Es war mein bester Schulfreund, Franz Roswald. Als er in Berlin gehört hatte, daß ich zur Bühne gegangen sei, beschloß er, auch einen künstlerischen Beruf zu ergreifen. Er war einer der merkwürdigsten Erscheinungen, die ich je kennengelernt habe. Ich erinnere mich noch heute an den Tag, als sein zwei Jahre älterer Bruder beerdigt wurde. Franz kam wie gewöhnlich in die Schule zum Unterricht. Ich fragte ihn vorsichtig: »Warum bist Du nicht bei der Beerdigung?« – »Der findet auch ohne mich den Weg in die Hölle!« war seine erstaunliche Antwort.

Doch zurück nach New York. Ohne weitere Umschweife kam er zur Sache: »Ich bin in argen Schwierigkeiten, muß sofort das Hotel verlassen, habe aber kein Geld, mein Appartement zu bezahlen. Ich habe zwar einen Vertrag mit einem Ölmagnaten in Texas für einige Werbetexte. Die bieten mir dafür 'ne Menge Geld, ich zeig Dir den Vertrag, komm erst mal mit nach oben. Aber hier nützt er mir nichts.« »Und was willst Du von mir, ich kann Dir doch leider auch nichts pumpen.« »Du sollst mir nur helfen, aus dem Hotel herauszukommen. Du brauchst Dir unter Deinem Mantel nur ein paar von meinen Klamotten anzuziehen und verläßt ganz selbstverständlich das Hotel. Wir treffen uns dann an der Ecke rechts.« »Das ist Zechprellerei, Du bist verrückt, da mache ich nicht mit!« Er flehte mich an: »Sieh Dir das an, hier ist mein Vertrag aus Dallas, lies ihn doch erst mal, dann sprechen wir weiter.« Es war wirklich ein guter Vertrag mit einer ziemlichen Menge Dollars. »Ich geb' Dir mein Wort, daß ich unverzüglich die Schulden hier bezahlen werde, wenn ich den Vorschuß bekommen habe. Es ist die Chance meines Lebens. Du mußt mir helfen!«

Ich zwängte mich also in zwei Sakkos, einen dünnen Mantel sowie einen Bademantel, in dessen Gürtel ich noch einige Socken und ein paar Krawatten stopfte. Meinen eigenen Mantel zog ich schließlich drüber und sah dann aus wie eine gestopfte Leberwurst. Einen Koffer mittlerer Größe drückte er mir auch noch in die Hand, öffnete die Tür zum Flur und sagte: »Ich komme gleich nach.« In der Lobby war gerade viel los, so daß niemand Notiz von mir nahm. Unauffällig, aber etwas kompakt ging ich zur Drehtür, dem rettenden Ausgang. »Na, schon auf dem Weg nach Hollywood?« fragte mich plötzlich eine Dame. Glücklicherweise fiel mir ein, daß ich sie kennengelernt hatte, als ich auf der großen Wohltätigkeitsveranstaltung »entdeckt« wurde. Sie war die Frau eines bekannten Bankiers. Ich stellte den elenden Koffer ab, um ihre zur Begrüßung ausgestreckte Hand zu ergreifen. Da ich noch nie besonders geschickt war, kam es, wie es kommen mußte, mein Mantel sprang auf! Ich stand vor ihr im Bademantel geschmückt mit Socken und Krawatten rings um meinen Bauch! Wir waren beide sprachlos, sie vor Erstaunen, ich vor Entsetzen. Ich griff nach dem Koffer und sauste ohne ein weiteres Wort quer durch die Lobby auf die Drehtür zu. Ich schob in der Eile die Tür natürlich zur falschen Seite, so daß sie sich nicht mehr bewegen ließ. Ein Page kam angelaufen und beseitigte mit einem entsprechenden Dreh das Malheur, nun lief alles wieder rund. Besseren »slapstick« gab es nie! Mein Freund war in der Zwischenzeit seelenruhig aus dem Hinterausgang spaziert und stand bereits etwas nervös an der verabredeten Ecke. »Na, lange genug hat's ja gedauert, komm hier in den Hausflur, zieh meine Sachen aus und hau ab.« Kein Danke, nichts. Ein Verrückter, in diesem Augenblick hätte ich ihn umbringen können. ...

Fahrkarte nach Hollywood
Erstens kommt es anders und zweitens als man denkt!
KRIEG in Europa!

Wir hatten nun zwei Eisenbahnkarten und ungefähr 100 Dollar
»Gewinn«. »Weit werden wir damit nicht kommen«, meinte Lotte in
weiser Voraussicht. Immerhin dauerte die Fahrt quer durch den
Kontinent damals fünf Tage. »Ich habe doch noch einen sehr guten,
mit Nerz gefütterten Mantel. Den werde ich in Kalifornien nicht
brauchen. Wir versetzen ihn, einlösen können wir ihn später immer
noch.« Wir zogen los und gingen zur ersten, besten Pfandleihe. »75
Dollar, und das ist schon ein sehr guter Preis«, sagte das Scheusal. Ich
hatte den Mantel mal von meinem Vater geschenkt bekommen, der
Mantel war natürlich noch mehrere hundert Dollar Wert! Aber was
sollte ich tun, ich nahm das Geld und verließ innerlich fluchend den
Laden. Wir kauften noch ein paar Kleinigkeiten, und ich sandte ein
Telegramm an einen alten Freund, der bereits einige Jahre in Hollywood lebte. Er war der Einzige, den ich dort kannte ...

Die Bahnfahrt wurde zu einem fast unglaublichen Erlebnis. Die
Coupés wurden abends in einen riesigen Schlafsaal verwandelt,
wodurch natürlich eine gewollte oder auch ungewollte intime
Atmosphäre entstand. Erwachsene und Kinder liefen in ihren Pyja-
mas oder Nachthemden umher. Um 22 Uhr hatte aber fast jeder den
Vorhang zu seiner Ruhestätte zugezogen. Morgens traf man sich im
Waschraum, und das Ganze erhielt schnell den Anstrich einer
spießigen Familienidylle, entbehrte jedoch nicht einer gewissen
Gemütlichkeit. Man besuchte sich gegenseitig, einige spielten Karten, Frauen machten Handarbeiten, die Stimmung war bestens!

Nach der ersten Nacht durchwanderte ich den ganzen Zug und
entdeckte am Ende des letzten Waggons eine offene Plattform, auf
der ein Tisch und zwei Stühle standen. Das wurde für mich ein idea-
ler Ausguck. Fasziniert bestaunte ich die vorbeifliegende Landschaft,
die von Staat zu Staat wechselte. Wir durchfuhren völlig verlassene
Gegenden, die einst die Goldsucher bevölkert hatten, kamen durch
die riesigen Kakteenwälder Arizonas, die mir beinah unwirklich und
einzigartig vorkamen. So lernte ich staunend und voll Neugier ein

gutes Stück dieses fremden Kontinents kennen.

Am zweiten Tag machte sich ein junger Mann an uns heran. Er kam aus Kanada. Seine Eltern hatten ihm Geld gegeben. Damit sollte er in Los Angeles ein Pelzgeschäft eröffnen. Er betonte unentwegt, daß er große Angst wegen der vielen Scheine in seiner Tasche hätte. Wir beruhigten ihn und versuchten, ihn zu überzeugen, daß ja ein Dieb im Zug eigentlich nicht weit kommen könnte. Er wich kaum noch von unserer Seite, allmählich wurde er lästig, und die ganze Angelegenheit fanden wir unangenehm. Kurz vor Pasadena kündigte er plötzlich an, dort aussteigen zu müssen, um Verwandte zu besuchen. Er wollte erst einige Tage später nach Hollywood weiterfahren. Er bat uns, doch einen Teil seines Geldes mitzunehmen und es dort in einem Banksafe zu deponieren, von wo er es dann nach seiner Ankunft sofort abholen wollte. »Wir haben ja noch gar keine Adresse, außerdem mache ich so etwas nicht«, redete ich auf ihn ein. Schließlich konnte das ja »heißes« Geld sein oder etwas Kriminelles dahinter stecken, und ich lehnte also kategorisch ab. Als wir in Pasadena ankamen sagte er nur: »See you later, ich finde Sie schon«. Damit verschwand er, und wir waren richtig froh, ihn los zu sein!

Erleichtert gingen wir in unser Abteil und setzten uns. Lotte nahm ihre Handtasche und wunderte sich: »Wieso ist die denn auf einmal so schwer? Ich hatte doch nichts weiter als meinen Lippenstift da drin«. Sie öffnete sie zaghaft: »Ist denn das überhaupt meine Tasche?« Sie zog ein dickes Kuvert vor, untersuchte es von allen Seiten an und öffnete es vorsichtig. Ein Bündel Banknoten lagen darin, 4000 Dollar. Auf dem beigefügten Zettel stand: »Bitte deponieren Sie das Geld auf einer Bank in Los Angeles, ich melde mich bei Ihnen!« Wir waren entsetzt. Da hatte doch der Bursche irgendeine Gelegenheit benutzt und das Geld heimlich in die Tasche gestopft. »Wir gehen gleich nach unserer Ankunft zur Polizei und geben es dort ab, erzählen natürlich niemandem davon!«

Sehr komisch war auch ein kleines Erlebnis in Albuquerque, im Staate New Mexico, wo wir kurz zuvor Halt gemacht hatten. Ich wollte ein wenig Luft schnappen und öffnete die Waggontür. Viele Kameras richteten sich auf mich. Donnerwetter, dachte ich vergnügt, Universal arbeitet ja schnell, wenn die hier schon mit der Publicity für ihren zukünftigen Star beginnen! Ich setzte also mein bestes Gesicht auf und lächelte filmreif. »O.K. Boss, noch ein Lächeln«, hinter mir erklang ein energisches, ungeduldiges Räuspern. Ich drehte mich verärgert um: Da stand ein sehr großer, imposant aussehender Mann - der Gouverneur von New Mexico. Fehlanzeige mit meiner Berühmtheit! Verschämt sprang ich die Stufen runter und kaufte schnell bei den Indianerinnen eines der von ihnen selbst gebastelten Andenken. Es war eine hübsche Squaw mit Baby. Die reizende Figur ist heute noch in meinem Besitz und zählt zu den wenigen Talismanen, die ich behüte.

Ebenfalls im Zug lernte ich eine Dame mittleren Alters kennen, mit Juwelen behangen, ob echt oder unecht konnte ich nicht beurteilen. Sie war sehr elegant, redete viel und war amüsant. Sie schwärmte von ihren beiden Söhnen, 26 und 28 Jahre alt, bemerkte so nebenbei, daß sie einen Mercedes, einen Jaguar und einen Rolls Royce besäße. Ich mußte ihr versprechen, mich gleich bei ihr in Hollywood zu melden. Bis ich klar sehen würde, könnte ich einen ihrer Wagen benutzen. Ich war natürlich sehr begeistert.

Es gab noch manch merkwürdige Intermezzi, bis wir an der Westküste ankamen. Wir waren jedenfalls in lustiger Stimmung, trotz der Ungewißheit über unsere weitere Existenz. Ich hatte ja nichts Bindendes, nur Vorverträge, und im Grunde genommen war alles offen. Endlich - Los Angeles! Unsere Freunde, die ich das letzte Mal in London gesehen hatte, empfingen uns am Bahnsteig. Irgendwie hatten Sie noch ihr Vermögen aus Deutschland retten können und nun ein wunderschönes Haus in »Hollywood-Land« bezogen.

«Natürlich wohnt Ihr erst einmal bei uns, bis Ihr wißt, wie der Hase läuft. Und das ist übrigens Mr. Herford, der Vertreter von Newtons Agentur. Stell Dir vor, der hielt mich für Dich und fragte, ob ich Mr. Hendrik sei.« Das fand ich nun weniger lustig, denn mit meinem Freund wollte ich lieber nicht verwechselt werden. Aber ich zeigte natürlich nicht meine Verstimmung. Mr. Herford wendete sich an mich: »Freue mich, Sie hier begrüßen zu können. Bitte kommen Sie morgen früh in unser Büro, hier ist die Adresse, see you later«, damit verschwand er.

Ein wenig enttäuscht war ich schon. Nicht, daß ich glaubte, Universal würde mich mit einem Blumenstrauß begrüßen, aber ein bißchen »Hokuspokus« hätte ich mir schon gewünscht, nur kannte ich das knallharte Hollywood noch nicht. Wir fuhren zu unseren Freunden, die ein hübsches Schlaf- und Badezimmer für uns hatten, endlich konnten wir mal richtig schlafen! Nächsten Morgen am Frühstückstisch sprach uns unsere Freundin Tatjana an: »Ihr braucht doch sicher etwas Geld, bis Ihr alles geregelt habt - hier sind auf alle Fälle erst einmal 200 Dollar. Wohnen könnt Ihr, wie gesagt, vorläufig hier, darüber braucht Ihr Euch keine Sorgen zu machen.« Ich überlegte mir einen Moment, ob ich sie nicht über unsere desolate finanzielle Situation aufkären sollte, aber, wozu eigentlich. Ich bedankte mich und nahm das Geld, an Lotte geflissentlich vorbei blickend, denn ich wußte, daß sie nicht einverstanden war.

Pünktlich und voller Energie erschien ich am nächsten Morgen im Büro des Agenten. Er war die Freundlichkeit selbst, sprach vom wunderbaren kalifornischen Klima, von den strahlenden bunten Lichtern, die nachts meilenweit von den Hügeln leuchteten, vom Pazifischen Ozean, der in den Abendstunden wie ein Silbermeer glänzte! Ich wurde stutzig ob so viel romantischen Geredes, hatte den Eindruck, daß er Zeit gewinnen wollte. Endlich kam er zur Sache! »Ich wollte Sie gestern bei Ihrer Ankunft nicht gleich verunsichern. Der Präsident der Universal, Mr. Läemmle, ist vor zwei Tagen aus der Firma ausgeschieden und mit ihm sein gesamter Stab. Die neuen Leute übernehmen nur die Festverträge, alles andere ist hinfällig, damit auch Ihr Vorvertrag. Mit anderen Worten, Sie sind draußen! Sorry, aber im Moment können wir leider nichts weiter für Sie tun. Sie brauchen sich natürlich nicht mehr an uns gebunden zu fühlen. Falls wir etwas Lukratives für Sie finden sollten, werden wir uns selbstverständlich mit Ihnen in Verbindung setzen. Ich kann Ihnen auch einen guten Agenten nennen, der besonders an exzellenten Sängern interessiert ist, allerdings nicht so spektakuläre Gagen herausholt wie wir. Sein Name ist Rose, sein Büro am Hollywood Boulevard, berufen Sie sich auf mich, wenn Sie hingehen wollen: Good luck and so long!!«

Es war das erste Mal, daß ich in Amerika und noch dazu auf dem Hollywood Boulevard, mitten auf dem Damm stand und »verfluchte

Scheiße« rief! Normalerweise kann ich diese Redewendung nicht ausstehen, aber dieses Mal brauchte ich sie zur Entkrampfung, sonst wäre ich erstickt vor Wut und Enttäuschung! Sofort machte ich mich panikartig auf den Weg zu Mr. Rose, denn es mußte ja schnell etwas geschehen. Er ließ mich gar nicht lange warten und war erstaunlich freundlich. Ich erzählte ihm meine Geschichte, und er bat mich, am nächsten Tag wiederzukommen. »Bringen Sie ein paar englische Kritiken mit, und vielleicht können Sie dann auch ein kurzes Liedchen singen, damit ich einen Eindruck bekomme.« Ich dankte ihm und zog ab. Mein unverwüstlicher Humor kehrte langsam zurück, und ich mußte schon wieder lachen beim Gedanken, daß ich noch eine halbe Stunde vorher auf dem Hollywood Boulevard laut »Scheiße« geschrien hatte!

Lange lief ich dann in Hollywood herum, sah mir versonnen die Fußabdrücke der berühmten Stars an, die sie in den Beton vor dem Grauman's Chinese Cinema getreten hatten, und bedauerte, daß ich wohl zunächst nicht zu dieser Ehre gelangen würde. Ich wanderte durch die Nobelstraßen und bewunderte die unbeschreiblich luxuriösen Villen. Ich spazierte langsam zurück zum Sunset Boulevard, als neben mir ein Auto stoppte. Ein netter, junger Mann fragte mich, wohin er mich mitnehmen könnte. Ich lehnte dankend und ein wenig erstaunt ab. Später klärte mich ein Einheimischer auf, daß in Hollywood einfach niemand spazieren ginge, es sei denn, er hätte gerade eine Autopanne gehabt!

Zuhause erzählte ich dann alles, natürlich immer noch wahnsinnig deprimiert. »Das ist in Hollywood doch nichts Außergewöhnliches«, meinte Tatjana. »Hier passieren noch ganz andere Sachen. Wenn Du schon bei der ersten Pleite den Kopf verlierst, dann bist Du für Hollywood nicht tauglich!« Und Lotte fügte beruhigend hinzu: »Na und, so wirst Du wenigstens nicht größenwahnsinnig.« Langsam kam meine gute Laune zurück.

«Sie können gleich hineingehen«, sagte am nächsten Morgen Mr. Roses Sekretärin. Ich reichte ihm meine Kritiken, und er begann sofort zu lesen. »Ist ja toll, warum sind Sie denn um alles in der Welt aus England weggegangen?« Ich erzählte von meinen Erfolgen, vermied aber einzugestehen, daß mir die unglaublich schnelle Karriere etwas zu Kopf gestiegen war, was ich insgeheim aber schon längst erkannt hatte! »Amerika ist eben nicht Europa,« meinte Rose. »Wenn dort zehn Leute für eine Rolle vorsingen, dann sind es hier mindestens 200. Die Konkurrenz ist groß, und abgesehen davon sind Sie ja kein ausgesprochen amerikanischer Typ. Außerdem haben sie noch einen Akzent. Sie sind also nicht so einfach zu besetzen. Aber zur Sache: In San Diego gibt es ein sehr großes Kino. Vor dem Hauptfilm bietet man ungefähr fünfzehn bis zwanzig Minuten erstklassiges Entertainment. Sie könnten kommenden Montag dort anfangen und zwei bis drei Songs singen. Die Gage ist ganz gut, und ich bekomme fünf Prozent Provision. Das Engagement läuft vierzehn Tage. Wir brauchen keinen Vertrag. Wenn Sie Erfolg haben, habe ich öfter solche Jobs für Sie. Einverstanden?« Dumme Frage! Ich bedankte mich. Das war wenigstens erst mal ein Anfang, wenn ich ihn mir allerdings auch ganz anders vorgestellt hatte.

Mein Freund stellte mir seinen Zweitwagen zur Verfügung. So begab ich mich also standesgemäß jeden Tag ins Kino und schmetterte dreimal täglich je drei Songs. Die Auswahl war mir überlassen, und ich sang leicht zu singende Wiener Walzer. Das Publikum und die Direktion schienen zufrieden zu sein. Das Kino hatte einen großen Vorteil für mich: Es lag direkt am Meer, der Bühnenausgang führte auf einen wunderbaren weißen Strand. Da ich unter meinem Frack nur Hemd und Badehose trug, sauste ich natürlich nach jedem Auftritt an den Strand, schwamm und legte mich in die Sonne. Immer wieder stürzte ich mich leichtsinnig in die herrlichen, riesigen Wellen des Pazifik und tauchte daraus wie neugeboren wieder auf. Das Leben konnte so schön sein in solchen Augenblicken, ich war glücklich! Als ich wieder einmal aus so einer gewaltigen Welle auftauchte, stockte mir aber nicht nur aus Luftmangel der Atem:

Rings um mich schauten riesige Köpfe aus dem Wasser. Im ersten Schrecken dachte ich natürlich an Haie und meinte, mein letztes Stündlein hätte geschlagen. Aber, nichts geschah, die Tiere standen weiter graziös im Wasser. Es war eine Herde von Delphinen. Sie hatten mich in ihre Mitte genommen. Jetzt erst bemerkte ich, daß ich mich in meiner Begeisterung fürs durch-die Wellen-tauchen viel zu weit vom Strand entfernt hatte. Er war in entsetzlich weite Ferne gerückt. Merkwürdigerweise hatte ich keine Angst. Ruhig, mit langen Schwimmzügen machte ich mich auf den Rückweg, begleitet von einigen Tieren. Sie folgten mir, bis der Strand in Sichtweite war. Ich konnte es nicht glauben, daß diese zauberhaften Kreaturen die Gefahr erkannt hatten, in der ich mich befand, und mich geleiteten, bis ich wieder in Sicherheit war. Fast wäre ich zu meinem nächsten Auftritt zu spät gekommen, aber es klappte gerade so, nur die Stimme war etwas wacklig. Jedenfalls verdiente ich Geld, wenn auch nicht sehr viel.

Einmal schickte mich Mr. Rose nach Malibu Beach. Er beschrieb mir genau, wo ich auftreten sollte. Als ich dort ankam, entdeckte ich ein riesiges Zelt, auf dem in großen Buchstaben stand: »Die größte Eisshow der Welt!« Ich meldete mich beim Manager: »Gut, daß Sie schon hier sind, wir beginnen gerade mit den Proben. Ich gebe Ihnen gleich die Liste mit den Namen der auftretenden Künstler, die Sie ansagen sollen, locker mit so einem bißchen ›Slang‹, na, Sie wissen schon!« Darauf war ich natürlich nicht vorbereitet, aber ich sagte nichts und las mir alles durch - als »Pausenclown« wollte ich eigentlich nicht fungieren, aber ich hatte ja in Amerika schon gelernt, daß man nichts ablehnen darf. Außerdem brauchte ich dringend das Geld und dachte mir, wie die Amerikaner sagen: »It's always for the best!« Als ich den Manager fragte, wem ich denn meine Noten geben sollte, erwiderte er: »Was denn für Noten?« - »Na, wann singe ich denn?« - »Was, singen wollen Sie auch noch? Das ist nicht eingeplant.« So wurde ich eben nur Ansager. Mit dem »Slang« stand ich allerdings noch etwas auf Kriegsfuß. Da aber die Leute in dem Riesenzelt sowieso kaum etwas verstanden, spielte es keine so große Rolle.

Nach vier Wochen hatte ich genug angesagt und verabschiedete mich. Endlich konnte ich meine Schulden bei meinen Freunden bezahlen und sie von unserer mehr oder weniger gewünschten Anwesenheit befreien. Wir zogen in ein großes Appartementhaus, the »de Mille Manor«. Die Verwalterin war eine liebenswürdige, sehr resolute, junge Frau und gab uns ein Eineinhalb- Zimmer-Appartement mit Bad und Kitchinette, ziemlich neu und auch hübsch möbliert. Auf jeder Seite des Flurs waren zehn solcher kleiner Wohnungen. Uns gegenüber wohnten zwei sehr attraktive Krankenschwestern, Zwillinge. Die Eine hatte eine sieben Jahre alte Tochter, die sich verrückt kleidete und sich benahm, wie der damals berühmte Kinderstar Shirly Temple. Ich unterhielt mich häufig mit ihr, sie war sehr altklug, eine richtige Nervensäge. Einmal meinte sie: »Shirly, ach die erzählt immer noch, sie sei sechs Jahre alt, dabei ist sie mindestens schon sieben!«

Als ich eines Tages wieder mal vorm Haus mit ihr die neuesten Nachrichten austauschte, kam ein Auto angesaust, eine Tür wurde geöffnet und eine junge Frau während der Fahrt einfach rausgeworfen, der Wagen war sofort verschwunden. Meine kleine Freundin sagte nur kalt lächelnd: »Ein perfekter Fall,« drehte sich um und ging in ihre Wohnung. Die Frau blieb liegen, und ich rannte ins Büro, um die Polizei anzurufen. Drei Minuten später war sie da und hörte sich emotionslos meinen aufgeregten Bericht an. Ein Krankenwagen kam nach kurzer Zeit, aber mehr erfahren habe ich von der Sache nie.

Ich war mal wieder »zwischen zwei Engagements«, und langsam ging mir das Geld aus. Hunger hatten wir auch. Wir hielten uns unauffällig in der Nähe eines riesigen Supermarktes auf, weil wir beobachtet hatten, daß beim abendlichen Einräumen der Obstkisten, die in Stellagen auf der Straße ausgestellt waren, hin und wieder einige Früchte daneben fielen. Klauen kam für uns nicht in Frage, aber was auf der Erde lag, durfte man aufheben. Wir hatten keine Konkurrenz, denn außer uns war bisher anscheinend noch niemand auf diese Idee gekommen. So sammelten wir uns unsere tägliche Portion an Vitaminen zusammen ... Es kam soweit, daß ich meine Miete nicht mehr bezahlen konnte. Schweren Herzens ging ich zur Vermieterin und eröffnete ihr, daß ich pleite sei. »Machen Sie sich keine Sorgen, ich schmeiße Sie nicht gleich raus«, erwiderte die freundliche Dame. »Sie haben doch gute Freunde in England, können Sie die denn nicht anpumpen?« Auf die Idee war ich natürlich noch nicht gekommen. Mir kam Mr. Offenbacher, der als Direktor der Parlophon nach London gezogen war, in den Sinn. Und dann dachte ich noch an einen anderen Bekannten, Mr. Reddington-Burnes, der sich an meiner Karriere sehr interessiert gezeigt hatte. Er wurde übrigens später geadelt. Ich erinnerte mich an seine Worte:

»Sollten Sie mal in Schwierigkeiten kommen, können Sie jederzeit auf mich rechnen«. Er war ein sehr reicher Bankier, der bei seiner Tante aufgewachsen war, die in einem schloßähnlichen Hause in London lebte. Sie hatte ein »Hobby«: Sie fühlte sich berufen, auch bereits berühmten Sängern zu zeigen, wie man singt. Sie behauptete, auch schon mit Caruso »gearbeitet« zu haben. Ich war in London sehr oft zu ihr gegangen zum »Unterricht«. Auch sie hatte mir gesagt, daß sie mir jederzeit, auch finanziell, zur Verfügung stehen würde, aber in England hatte ich ja damals niemanden gebraucht!

«Senden Sie doch einfach ein Telegramm an ihre Freunde in London mit der Bitte um Hilfe,« sagte die Vermieterin, »und erklären Sie, daß Sie durch ein Mißgeschick Ihre Ersparnisse losgeworden sind. Ich leihe Ihnen erst einmal etwas Geld, damit Sie vorläufig über die Runden kommen«. Ich war wirklich gerührt und fuhr zur Post, um die beiden Telegramme aufzugeben. Nun konnte ich mich nur noch überraschen lassen!

Unterwegs fiel mir ein, daß ich ja noch gar nicht die Frau mit den drei Autos, die ich im Zug kennengelernt hatte, angerufen hatte! Ich fand sogar ziemlich schnell ihre Telefonnummer. Da ich ja im Moment nichts weiter zu tun hatte, rief ich sie an. Die Dame - nennen wir sie Mrs. Miller - war hocherfreut und richtig begeistert, von mir zu hören. »Ist ja wunderbar, daß Sie anrufen, wenn Sie nichts Besseres vorhaben, kommen Sie doch gleich her, meine Söhne werden sich auch sehr freuen, Sie kennenzulernen«. Ich fuhr hin und stoppte vor einem typischen Hollywooder Haus. Vor dem Eingang standen zwei Wagen, und etwas entfernter erblickte ich ein Polizeiauto, in dem ein Sheriff saß. Aber ich nahm eigentlich keine Notiz davon. Ich durchquerte den ziemlich vernachlässigten parkähnlichen Garten, und die Dame des Hauses begrüßte mich überschwenglich. »Wir sind gerade dabei, in ein anderes Haus zu ziehen«, sagte sie, »dies hier ist uns etwas zu veraltet. Ich gehe nachher rüber, Sie müssen unbedingt mitkommen und es sich ansehen, meine Söhne sind schon dort«. Wir unterhielten uns ungefähr fünfzehn Minuten, tauschten die üblichen Belanglosigkeiten aus und wußten nicht recht, was miteinander anzufangen. Mrs. Miller schlug vor: »Vielleicht könnten Sie schon vorfahren und ein paar Kleinigkeiten mitnehmen, ich komme dann gleich nach«. Sie schleppte zwei kleine Koffer und ein größeres Paket an. Ich packte alles in meinen Wagen und fuhr los. Unterwegs bemerkte ich, daß der Sheriff hinter mir herfuhr, aber das konnte ja auch ein Zufall sein. Als ich bei dem bewußten Haus ankam und ausstieg, rief hinter mir jemand: »Junger Mann, einen Augenblick, wo wollen Sie hin?« »Zu Mrs. Millers neuem Haus.« – »Sind Sie verwandt oder ein Freund von Mrs. Miller?« Ich erzählte ihm, wo und wie ich sie kennengelernt hatte. »Sie bat mich, einige Kleinigkeiten mitzunehmen und wollte sofort nachkommen«. »Darf ich die mal sehen?« fragte der Sheriff. Ich machte den Kofferraum auf. Er nahm das Paket heraus, öffnete es vorsichtig und zog einige Brillanten hervor.

Aus dem Augenwinkel beobachtete ich einen jungen Mann, der aus dem Haus kam. Als er uns von weitem erblickte, zog er sich schleunigst zurück und verschwand. »So, mein Freund, dann rücken Sie auch mal die Köfferchen raus, und zeigen Sie mir Ihren Paß. Geben Sie mir Ihre Adresse und fahren Sie nach Hause. Die Dame, Ihre Bekannte, kommt bestimmt nicht so schnell«. »Ja. Aber Sie können doch die Sachen nicht einfach behalten«. »Doch, ich gebe Ihnen eine Quittung! Auf diesen Fang warte ich schon lange! Sollte ich Sie noch mal brauchen, weiß ich ja, wo ich Sie finde, ziehen Sie bloß schnellstens ab!« Die näheren Zusammenhänge habe ich nie genau erfahren. Später las ich nur in der Zeitung, daß man eine lange gesuchte Bande dingfest gemacht hatte. Ich vermutete, daß meine »Freundin« dazugehörte.

Am nächsten Tag wartete ich vergeblich auf Post aus England. Auch die folgenden Tage waren nervtötend und endlos lang, fast so wie damals in Calais. Der Agent Mr. Rose rief mich an. Er hatte im Moment nichts Lohnendes anzubieten, was ihm außerordentlich leid tat. »Aber ich habe gerade mit einem meiner besten Freunde, Walter Wanger, einem der großen Filmproduzenten Hollywoods, gesprochen. Er würde sich gern mal mit Ihnen unterhalten, rufen Sie ihn an, und berufen Sie sich auf mein Gespräch mit ihm«. Wanger hatte vor längerer Zeit eine »Foundation« für jüdische Emigranten aus Deutschland gegründet und schon vielen geholfen. Ich fand das besonders nett von Rose und rief sofort bei Mr. Wanger im Büro an.

Die Sekretärin machte eine Verabredung. Mr. Wanger empfing mich am nächsten Vormittag. Er hörte sich meine Story an und fragte ohne weitere Umschweife: »Wieviel brauchen Sie?« Es kam so unerwartet, daß ich stotternd stammelte: »500 Dollar!« »Meine Sekretärin wird Ihnen den Scheck ausstellen, alles Gute!«

Benommen verließ ich das Büro und heulte - teils aus Freude, teils aus Scham. Ich, der große Tenor - ein Schnorrer! Deprimiert ging ich nach Hause! Hatte ich das nötig gehabt? Aber so geht's, wenn's dem Esel zu wohl ist! »Zwei telegrafische Überweisungen warten auf Sie«, empfing mich die Vermieterin zu Hause mit einem »Siegerlächeln«. »Eine über 1000 Dollar und eine über 1500 Dollar! Na, war meine Idee doch hervorragend, oder?« Ich war sprachlos und gerührt. Und ich Ochse hatte mich in sinnlose Abenteuer gestürzt, anstatt über die erstaunliche, englische Blitzkarriere froh und dankbar zu sein.

Ich kaufte uns erst mal schnell einen Gebrauchtwagen und wollte ein paar Tage Ferien machen, sehr zum Mißfallen Lottes. »Leichtsinn steh mir bei«, war ihre sehr richtige Antwort. Aber ich setzte mich durch. Wir fuhren ins Blaue durch das herrliche Kalifornien und landeten in einem paradiesisch schönen Städtchen. »29 Palmen« nannte sich das kleine Paradies. Saftig grüne Wiesen wechselten sich ab mit riesigen Flächen voller Dattelpalmen und Orangen. Um uns war eine Stille, als wären wir allein auf der Welt. Nur das Surren der kleinen bunten Kolibris, die von Blüte zu Blüte flatterten, war zu hören. »Sollte ich mich je zur Ruhe setzen, möchte ich hier mein Leben beschließen.« »Komm runter auf die Erde«, holte mich Lotte aus meinen Träumen zurück, »heute brauchen wir uns darüber noch keine Kopfschmerzen zu machen!!«. Nach sechs erholsamen Tagen fuhren wir im September 1939 zurück ins Ungewiße.

Unterwegs sprang uns beim Vorbeifahren an einem Kiosk in riesigen Lettern die Schlagzeile aller Zeitungen entgegen: KRIEG - Deutschland überfällt Polen! Fassungslos und wie erstarrt kaufte ich ein Blatt und las, daß die Deutsche Wehrmacht die polnische Grenze überschritten hatte, las von ersten Grausamkeiten an polnischen Zivilisten. Gebetsmühlenartig wiederholten wir auf der Weiterfahrt immer wieder, daß das sicher bald zu Ende sein würde, aber im tiefsten Innern wußten wir, daß diese Hoffnung trügerisch war, daß

Deutschland in den Händen eines Verrückten sein mußte!

Unsere freundliche Wirtin eröffnete mir, daß Mr. Rose mich dringend sprechen wollte. Wahrscheinlich hatte er wieder einen »gesangslosen« Job zu offerieren. Ich rief ihn an, und er verkündete mir, daß er eine kleine Filmrolle für mich hätte, zwei Drehtage bei MGM à 250 Dollar. »Sie müssen übermorgen um sieben Uhr im MGM Studio sein, melden Sie sich bei Mr. Sten.« Wie beim Film üblich, saß ich den ganzen Tag im Studio herum, ohne daß meine Szene gedreht wurde. Ich kassierte mein Geld und fuhr nach Hause. »Morgen pünktlich um sieben Uhr!« rief der Aufnahmeleiter mir nach. »Die Hauptdarstellerin Jeanette MacDonald ist krank geworden, und wir können erst weiter drehen, wenn sie wieder gesund ist.« Die nächsten sechs Tage lang holte ich also jeden Morgen pünktlich um sieben Uhr meine 250 Dollar ab und war um acht Uhr schon wieder im Bett!

Solche Jobs waren natürlich zwischendurch sehr angenehm, besonders das Geld, das man fürs Nichtstun erhielt, aber ich hatte andere Ambitionen und fühlt mich recht elend. Im Studio traf ich dann auch noch den bekannten englischen Schauspieler Georges Sanders, der in London ein großer Fan von mir gewesen war. Er wollte nicht glauben, daß ich noch keine Karriere gemacht hatte. Und als er gar meinte, ich sei doch in England die größte sängerische Hoffnung gewesen, hatte ich von Hollywood erst mal die Nase voll. Ich fuhr runter an die »beach« von Santa Monica, schwamm einige Runden im Pazifischen Ozean und erfreute mich an den spielenden Delphinen. Nach reiflicher Überlegung faßte ich den Entschluß, Hollywood, das ich wirklich außerordentlich liebte, zu verlassen und nach New York zurückzukehren. Dort wollte ich auch meine Stimme wieder kontrollieren lassen, die mir etwas verhunzt vorkam.

Trotz aller Sorgen fuhr ich irgendwie erleichtert nach Hause. Kaum angekommen, klingelte es und - kaum zu glauben - der kanadische junge Mann aus der Eisenbahn, der uns das Geld untergejubelt hatte, stand vor der Tür. Er sah heruntergekommen aus und beichtete, daß er sein ganzes Geld verspielt hatte. Er mußte nach Kanada zurück und wollte nur sein restliches Geld abholen, das wir ja glücklicherweise in Los Angeles in einem Safe aufbewahrten. Dabei hatten wir ihn und sein Geld völlig vergessen und waren nur froh, die Dollars auch in der Not nie angerührt zu haben. Ich fuhr mit ihm zur Bank und war erleichtert, als er wieder verschwand. Bis heute ist es mir ein Rätsel, wie er uns gefunden hat.

Dann verkündete ich Lotte meinen Entschluß, nach New York zurückzukehren. Sie war sofort einverstanden. Nach einem kurzen, letzten Engagement durch Mr. Rose nahmen wir den »Highway No.1« nach New York. Duschka, unsere schwarze Katze, kam natürlich mit. Sie gehörte einst unseren Freunden, die ihr Haus verkauft hatten, und die Katze einfach ihrem Schicksal überlassen hatten. Anfangs fuhr ich täglich auf den Berg, um Duschka zu füttern. Sie hatte in dem verlassenen Haus ihren festen Platz. Aber eines Tages haben wir sie doch mit zu uns heruntergenommen, und von da an teilte sie für eine lange Zeit unser abenteuerliches Dasein. Sie wurde zwanzig Jahre alt.

Ostwärts auf dem Highway No.1 ...
Wartet in New York die große Karriere?

Noch bei strahlendem Sonnenschein erreichten wir die Grenze von New Mexiko. Aber dann schlug das Wetter innerhalb von Sekunden in einen eisigen Schneesturm um. Wir konnten absolut nichts mehr sehen. Plötzlich gab es ein furchtbares Krachen, unser Wagen überschlug sich, rutschte noch einige Meter auf dem Dach weiter und stoppte kurz vor einem Abhang. Wie durch ein Wunder blieben wir unverletzt. Duschka sprang wie irrsinnig im Wagen hin und her, lief aber trotz zerbrochener Scheiben nicht weg. Ein Auto war von der Gegenfahrbahn auf unsere Fahrspur abgekommen und hatte uns gerammt. Als wir uns mühselig aus dem Wagen heraus gearbeitet hatten, war weit und breit kein Mensch zu sehen. Wir durften jetzt nur nicht die Nerven verlieren. Duschka war an einer langen Leine und beruhigte sich auch wieder. Da standen wir nun in bitterster Kälte.

Der Schneesturm ließ etwas nach, und bibbernd hofften wir, daß bald jemand vorbeikommen möge. Aber erst nach ungefähr 50 Minuten knatterte langsam ein alter LKW heran. Ein Mann stieg aus, blickte auf unsere Karosse und sagte nur: »Aha.« Dann wandte er sich dem nächsten Baum zu und pinkelte seelenruhig. Was sein muß, muß sein. Wir zersprangen fast vor Ungeduld, und Duschka machte einen Buckel. Ausschweifend erzählte er uns dann von einem Mann, der in Deming, der nächsten Stadt, von einem schweren Unfall ungefähr 30 Meilen entfernt berichtet hatte. Er meinte auch, daß niemand in dem Wagen noch am Leben sei! Dann machte sich der LKW Fahrer daran, unser Auto wieder aufzurichten, was ihm nach einigen Versuchen auch gelang. Ich quetschte mich hinters Steuer, und siehe da, der Motor sprang sogar noch an. Im Schritttempo fuhren wir das einer Ziehharmonika ähnliche Auto nach Deming in eine Werkstatt. Die Nacht mußten wir in Deming verbringen, denn einige Ersatzteile und zwei neue Scheiben mußten erst beschafft werden. Glücklicherweise war der Wagen relativ schnell repariert.

Die Weiterfahrt verlief reibungslos, und wir wurden durch eine phantastische Reise belohnt. Manchmal fuhren wir zwei Tage lang, ohne einem Menschen zu begegnen. Den ersten Halt machten wir in einem kleinen Städtchen, in dem ich aber kein Hotel oder Motel entdecken konnte. Ich ging in ein Immobiliengeschäft und fragte, wo wir unsere müden Häupter niederlegen könnten. Eine liebenswürdige ältere Dame sah mich durchdringend an und sagte: »Sie sehen anständig aus, und für eine Nacht können Sie drüben in dem Haus schlafen, wenn Sie nichts in Unordnung bringen. Das Haus gehört Clark Gable, aber der kommt fast nie hierher und hätte auch bestimmt nichts dagegen.« »Was soll das kosten?« »Ach, lassen Sie man, Sie fahren doch früh wieder weiter!« Das waren noch Zeiten! Solche Großzügigkeit und Hilfsbereitschaft konnte ich übrigens immer wieder erleben.

In New York nahmen wir ein Hotel in der 6th. Avenue. Beim Einschreiben an der Rezeption lehnte ich neben einem nicht zu übersehenden Hinweis: Tiere nicht erlaubt! Lotte hatte sich in weiser Voraussicht etwas abseits gehalten, die Katze in einen Mantel eingewickelt. Als wir auf dem Zimmer nun endlich mal unsere wohlverdiente Ruhe genießen wollten, klingelte auch schon das Telefon: »Sie haben eine Katze in Ihrem Gepäck, bitte verlassen Sie sofort das Hotel!« Also zogen wir wütend in einen großen »Kasten« am Broadway.

Am nächsten Morgen suchte ich widerwillig mal wieder die Sharr Agentur auf. Diesmal wurde ich schon 40 Minuten später zum Chef gerufen. Der ging gleich in »medias res«: »Gehen Sie rüber zur ›Theatre Guild‹ und fragen Sie nach dem Produzenten Mr. Worthington Miner«. Damit war das Gespräch beendet. Die »Theatre Guild« war damals die beste Schauspielbühne. Mr. Miner, ein sehr liebenswürdiger Mann, schien mein Schicksal sehr zu interessieren. »Ich produziere gerade ›Jeremias‹ von Stefan Zweig, kann Ihnen zwar keine große Rolle anbieten, aber zwei kleine, damit Sie erst einmal über die Runden kommen.«

Zweig war zuerst nach England emigriert, ging aber 1941 nach Brasilien. Er war ein gebrochener Mann und nahm sich dort später zusammen mit seiner Frau das Leben, da er die Zerstörung des geistigen Europa nicht verwinden konnte. Das Drama »Jeremias« hatte er bereits 1917 geschrieben. Im ersten Akt sollte ich einen alten jüdischen Geistlichen spielen, der in einer Ecke leise Gebete sang. Im zweiten Akt war ich ein junger Soldat, der den Krieg verdammte. Nach einigen Probentagen rief mich Mr. Miner und fragte, ob ich auch einen kleinen Chor einstudieren könnte.

Da ich in den USA eines der wichtigsten Prinzipien gelernt hatte, nämlich niemals zu sagen »das kann ich nicht«, willigte ich natürlich sofort ein. Außerdem brachte diese Beschäftigung ein ganz schönes Extrahonorar ein. Ich hatte ja zwar eine Zeitlang Musik studiert, aber natürlich keine Ahnung, wie man einen Chor einstudiert. Zu meinem Glück war einer der Chormitglieder ein stellungsloser Musikwissenschaftler. Ich fragte ihn, ob er die Proben übernehmen könnte, da ich sehr viel zu tun hätte. Ich würde ihm natürlich ein paar Dollar dafür bezahlen. Er war begeistert, und so waren wir beide zufrieden. Die paar Takte konnte ich am Abend dirigieren. Leider war das Stück kein Erfolg und wurde nach zwei Monaten abgesetzt.

Ein paar Tage später lud mich Mr. Miner zu sich nach Hause ein. Dort lernte ich Marlene Dietrichs Tochter Maria und Katherine Hepburn kennen. »Das Fernsehen steckt doch in den Kinderschuhen,« sagteMr. Miner, »und dieses Medium interessiert mich außerordentlich. Ich habe da eine Idee für ein Stück, das ich gern mit Ihnen machen möchte. Sie müßten darin einen Popsong singen, und wenn Sie wollen, können Sie ihn auch selber komponieren!« Natürlich war ich begeistert und schlug das Lied »Dreamy Me« vor. Diesen Titel hatte schon ich vor längerer Zeit mal komponiert und jeder, dem ich den Song vorspielte, war von der Melodie begeistert, summte sie gleich nach. Die Kritiken über die Produktion des Stückes waren hervorragend. Damals jedoch interessierte sich kaum ein Mensch fürs Fernsehen, und so verlief alles im Sande. Auch mein Song wurde nicht berühmt. Jahrzehnte später in Berlin war mein Freund Robert Gilbert von der Melodie ebenfalls so begeistert, daß er einen neuen Text dafür schrieb. »Addio Du«. Der Siegel Verlag versprach sich einen Sensationshit und brachte den Titel heraus. Aber auch dieses Mal war dem Titel kein großer Erfolg vergönnt.

Immerhin rief mich nach der Fernsehsendung ein Agent an und

bot mir eine Rolle in einem neuen Musical an, das im Majestic-Theatre herauskommen sollte. Der Komponist war ein junger Berliner mit dem Namen Frederick Loewe, der Titel seines Musicals »The great Lady«. Drei weitere Sänger, Mitglieder der Metropolitan, waren bereits engagiert. Der junge Choreograph George Balanchine studierte die Tänze ein. Wir verstanden uns sehr gut, und er bedauerte immer, daß ich nicht Tänzer geworden war. Die Musik Loewes war sehr eingängig, die Produktion wurde allerdings ein Riesenflop und die Aufführung nach zwanzig Vorstellungen abgesetzt. Loewe mußte wieder in billigen Nachtclubs Klavier spielen, um sein Leben bestreiten zu können. Bei seiner nächsten Broadway-Premiere 1956 war ich leider nicht mehr in den USA. »My Fair Lady« wurde zu einem der weltweit am meisten gespielten Musicals und machte Loewe zu einem Dollarmillionär.

Zurück zu Tony Miner. Er gab mir eine Empfehlung an das Besetzungsbüro der drittgrößten New Yorker Radiostation WOR. Die Leiterin war eine sehr attraktive Dame und bot mir für die ganze Saison sofort einen Job in einem exklusiven »Summerresort« an, von denen es etliche in der Umgebung New Yorks gab. Das waren elegante Feriensiedlungen mit Konzertsaal, Kino und einem kleinen Theater. Man wohnte in Bungalows. So ein Sommeraufenthalt war nicht billig und die Gagen dementsprechend gut. Ich unterschrieb einen Vertrag für vier Monate.

Bis zum Beginn des Engagements waren noch über vier Wochen Zeit, und mein Geld schmolz wieder einmal langsam dahin. Lotte wurde plötzlich sehr krank und mußte operiert werden. Der Arzt rief mich an, daß die Operation sofort vorgenommen werden müßte, es sei zwar nichts Bösartiges, aber immerhin eine heikle Angelegenheit. Gnade einem Gott, wenn man keine Krankenversicherung in den USA hat! Ohne ein Wort der Klage packte sie ihr Köfferchen und ging ins Hospital. Die Operation verzögerte sich um ein paar Tage, und der Beginn meines Engagements rückte bedenklich näher. Gottlob verlief die Operation dann ohne Komplikationen, aber Lotte sollte mindestens zwei Wochen in der Klinik bleiben. Ich wußte, daß der jüdische Professor mir keine Rechnung schicken würde, aber genügend Geld fürs Krankenhaus hatte ich natürlich auch nicht. Auf vage Versprechungen ließen sie sich nicht ein. Aber ich wollte Lotte auf keinen Fall dort allein zurücklassen.

Ich war verzweifelt und das erste Mal in meinem Leben ziemlich kopflos. Lotte hatte einen Plan: »Paß auf, ich stehe morgen früh mal probeweise auf. Wenn ich es irgendwie schaffe, aufrecht zu bleiben, hauen wir morgen abend einfach heimlich ab!« Ich war entsetzt und versuchte, ihr diese Idee auszureden. Es half nichts. »Pack alles Erforderliche in den Wagen und komm nachmittags hierher, dann sehen wir weiter. Geh jetzt nach Hause, schlaf Dich aus. Du brauchst Deine Nerven für den Job!« beendete sie resolut unser Gespräch. Als ich am nächsten Tag zögernd den Kopf ins Krankenzimmer reinsteckte, begrüßte sie mich bereits völlig angekleidet. »Ich warte nur das Essen ab, und dann ziehen wir los.« Ich protestierte nochmals heftig, aber sie ließ sich nicht davon beeindrucken.

Das Krankenhaus war riesig, und als wir es verließen, kümmerte sich kein Mensch um uns. Sie schleppte sich bis zum Auto, und weg waren wir. Das war alles in jeder Beziehung unverantwortlich, und ich habe mich niemals so widerlich gefühlt, wie an jenem Tage. Glücklicherweise gab es keine Komplikationen. Wir fanden in der Nähe meiner zukünftigen Wirkungsstätte bei einem Farmer ein sehr hübsches Zimmer für Lotte. Die reizende Farmerin war zufällig eine frühere Krankenschwester. Ich erzählte natürlich nicht, daß wir aus der Klinik ohne Bezahlung »getürmt« waren, nur, daß ich meinen Job antreten mußte. »Keine Angst, sie ist hier sehr gut aufgehoben.« Ich hatte nämlich vergessen zu erwähnen, daß nur Unverheiratete in den »Summerressorts« auftreten durften. Das war eine Bedingung bei Vertragsabschluß. Ohne Skrupel hatte ich den Vertrag samt dieser Klausel unterschrieben. Ich durfte meine Frau in den nächsten Monaten also nur heimlich besuchen. Offiziell galt ich als ledig.

Zunächst meldete ich mich erst einmal bei der Direktion und wurde freundlich begrüßt. Man wies mich in einen großen Raum ein, den ich mit einem Komiker, einem Bariton und einem Schlagersänger teilen mußte - zu meinem Entsetzen, aber ich hatte ja keine andere Wahl. Der Showproduzent kam vorbei: »Hallo, morgen früh um zehn Uhr Probe im großen Saal,« und entschwand. Die erste Probe verlief reibungslos, mein Gesang schien zu gefallen. Danach sauste ich zu Lotte und fand sie, den Umständen entsprechend, in recht guter Verfassung.

Die Gäste des »Summerresorts« waren überwiegend junge Mädchen, die sich dort in den Ferien einmal richtig austoben wollten. Manchmal war ich vor so viel Weiblichkeit direkt auf der Flucht. Eine junge Dame versuchte, mich in meinem »Boudoir« zu überraschen, aber sie war partout nicht mein Typ. Ich tauchte einfach ab, schlief heimlich einige Nächte lang auf dem Billardtisch im Spielsalon. Als Lotte wieder ganz gesund war, nahm ich sie mal mit und stellte sie als meine ältere Schwester vor. Ein paar Mädchen hofften auf Lottes Einfluß auf den »kleinen Bruder«! Sie sollte mich zu mehr Entgegenkommen bewegen!

Die erste Show lief über die Bühne und wurde ein Riesenerfolg für mich. Die Begeisterung des Publikums schien mir fast übertrieben, eine solche Akzeptanz hatte ich nicht erwartet. Ich nutzte die für mich günstige Stimmung und ging am nächsten Tag ins Büro, um zu versuchen, ein eigenes Zimmer zu bekommen. Ich argumentierte, daß die Kollegen so viel rauchten, was sehr schädlich für die Stimme sei. So bekam ich wegen meines Erfolgs ein eigenes, wunderhübsches Appartement.

Eines Tages ließ man mich wissen, daß ich zwei Tage lang mein Zimmer mit einem Gast teilen müßte, da sonst absolut nichts mehr frei wäre. Das fehlte mir auch noch! Es erschien ein Mann, der einem Neandertaler nicht unähnlich war. Er begrüßte mich freundlich, nahm erst mich durchdringend in Augenschein, dann ebenso das Zimmer. Danach schob er seinen Koffer unter das Bett und verschwand wieder. Als er spät in der Nacht nach Hause kam, lag ich bereits im Bett, stellte mich schlafend. Ich beobachtete blinzelnd, wie er das Jacket auszog und entdeckte an seinem Gürtel eine Revolvertasche mit zwei Pistolen. Aus seiner hinteren Hosentasche zog er noch einen weiteren Revolver, den er liebevoll in die Nachttischschublade legte. Aus seiner Reisetasche nahm er dann eine Whiskyflasche und gönnte sich einen riesigen Schluck. Danach ging er endlich zu Bett. Mir war etwas mulmig zumute, und ich wagte kaum zu atmen, aber meine Sinne waren hellwach.

Ungefähr eine Stunde später hörte ich ihn im Dunkeln aufstehen. Meine Angst steigerte sich noch, aber ich rührte mich nicht. Mein unwillkommener Zimmergenosse ging jedoch nur in die linke Ecke des Raums und legte sich nach einigen Minuten wieder ins Bett. Nach wenigen Augenblicken ertönte erneut sein einem Gewitter ähnliches Schnarchen, und ich beruhigte mich wieder etwas. Wer schläft, sündigt schließlich nicht. Fast stündlich wiederholte sich das gleiche Ritual. Trotz größter Anstrengungen konnte ich einfach nicht entdecken, was er da trieb. Sehr früh am Morgen stand er dann auf und verließ ganz leise das Zimmer. Ich sah ihn erst in der nächsten Nacht wieder, und der ganze Ablauf wiederholte sich. Am Morgen packte er dann endlich seinen Koffer. Ich konnte es mir nicht verkneifen, zu fragen, was ihn denn nächstens so umgetrieben habe. »Es ist der Durst. Ich muß jede Stunde ein Glas Whisky trinken, sonst kann ich nicht schlafen,« gab mir einen freundlichen Klaps, der mich beinahe »k.o.« schlug und nuschelte: »See you around,« nahm sein Köfferchen und zog ab. Ich war froh, daß er wieder verschwand. Er war bestimmt ein Gangster.

Die Sommermonate gingen schnell vorbei. Es war eine schöne Zeit, mehr Erholung als Arbeit, aber langsam bekam ich auch schon wieder »Hummeln« und konnte die Rückkehr nach New York kaum erwarten. Lotte hatte sich fast vollständig erholt, und so trudelten wir mit frischer Energie aufgetankt wieder in New York ein. Die Künstlermanagerin Mrs. Marantz von der WOR hatte bereits einen neuen Job für mich: Zwei Galas während einer vierzehntägigen Kreuzfahrt auf dem Luxusliner »Queen Mary« in die Karibik nach Jamaica, Panama, den Bermudas, Kuba und Port au Prince, Luxuskabine und anständige Gage inclusive! Selbstverständlich führte mich mein erster Weg ins Krankenhaus, um meine Schulden zu bezahlen. Mit einer Verwarnung ließ man mich laufen. So fiel das Abschiedsessen nicht gerade luxuriös aus: Es gab frische Kartoffeln mit Petersilie. Danach ging ich an Bord. Welch ein Gegensatz: Im Speisesaal hatte ich die Auswahl zwischen Kaviar, Langusten, Lachs und dazu Champagner, so viel ich wollte ...

Natürlich hatte ich bei den verschiedenen Landaufenthalten auch einige lustige Erlebnisse. In Havanna beispielsweise wollte mir ein fliegender Händler unbedingt Postkarten mit religiösen Motiven verkaufen. Wegen seiner Aufdringlichkeit ergriff ich die Flucht, doch er rannte mir hinterher. »Wenn Sie sich nicht für den lieben Gott interessieren, dann hab' ich noch was Besseres für besondere Kunden zu bieten ...« und hielt mir eine Auswahl unappetitlicher Pornos unter die Nase. Ich drohte ihm mit der Polizei, woraufhin er sich schließlich aus dem Staub machte. In Panama begegnete mir ganz ohne Zweifel ein Irrer. Er kam mir auf der Straße entgegen und hielt mir mit den Worten »Ich muß Ihnen mal was Komisches zeigen« die Fotografie eines Skeletts vor die Augen. »Sehen Sie mal, das ist mein Schwager, nachdem ihn ein Hai angefallen hatte. Das blieb übrig.« Und mit einem höllischen Gelächter trollte er sich von dannen, um den Nächsten zu beglücken.

In einer der Shows auf der »Queen Mary« trat ein Feuerschlucker auf. Nach seinem Auftritt beobachtete ich, wie er laut stöhnend in seine Kabine wankte. Voller Mitleid folgte ich ihm und fand ihn tränenüberströmt auf seinem Bett liegend. Auf meine teilnahmsvolle Frage antwortete er: »Ich habe ja nicht gewußt, daß es so weh tut. Ich habe heute das erste Mal Feuer geschluckt, hatte keine Ahnung, wie's gemacht wird. Aber ich brauchte dringend Geld, darum habe ich den Job angenommen.« Damit wälzte er sich jammernd auf die Seite. Wegen einer »schweren Grippe« meldete er sich für den Rest der Reise krank, verließ nicht mehr die Kabine ...

Auf der Kreuzfahrt lernte ich Miss Spencer kennen. Sie war eine junge Dame, die bei einer großen Werbeagentur einen einflußreichen Job hatte. Sie erzählte mir von der wöchentlichen »nationwide show«, also einer Radioshow, die sie für die gesamten Vereinigten Staaten produzierten. Die Firma wollte ihren bisherigen Sänger gern loswerden, und sie versicherte mir, dass ich ihre Idealbesetzung sei. Mein Herz tat einen riesigen Hüpfer, endlich bahnte sich mal ein großer Schritt nach vorn an! Zurück in New York rief mich Miss Spencer auch verabredungsgemäß ziemlich bald an. Es sah so aus, daß ich bereits vierzehn Tage später die Show übernehmen sollte. Auch der Sponsor, eine weltberühmte Firma, war einverstanden. Ich gab im Geist schon das große Geld aus: An erster Stelle stand Gesangsunterricht bei einer Koryphäe. Ich wollte endlich Opernpartien studieren ...! Ich war selig. Drei Tage später ein Anruf: »Hier Miss Spencer, John, es ist mir wahnsinnig unangenehm. Die Frau unseres bisherigen Sängers hat Zwillinge bekommen, wir haben nicht das Herz, ihn jetzt rauszuschmeißen, sorry!« Miese Erfahrungen und Enttäuschungen hatte ich ja schon reichlich gesammelt, aber ich war doch immer aufs Neue am Boden zerstört!!

Heimatlos
In Hollywood ist es wenigstens warm – und man trifft Emigranten

«Eigentlich habe ich wieder genug von New York, laß uns noch mal wieder in Hollywood unser Glück versuchen. England ist für mich wohl endgültig vorbei, weil ich mich totschämen würde, quasi mit leeren Händen aus Amerika zurückzukommen,« sagte ich zu meiner Frau. »Laß uns nach Hollywood zurückgehen. Da ist es wenigstens warm, und meistens scheint die Sonne. Da kann man Enttäuschungen leichter ertragen, und Duschka wird sich auch freuen!«

Auf der Rückfahrt gab es einen netten Zwischenfall, der zum Problem hätte werden können. Wir fuhren durch den Yosemite Nationalpark und hielten einen Moment an, um aus der Tasche im Kofferraum einen kleinen Imbiß zu holen. Ein riesiger Braunbär kam uns entgegen, pflanzte sich an der Fahrertür des Wagens auf und bat offenbar um eine kleine Gabe. Er lehnte sich gemütlich an den Wagen, entschlossen, auszuharren. Einfach weiterfahren war nicht mehr möglich. Nun sind die Bären dort zwar an Touristen gewöhnt, aber eben nach wie vor wilde Tiere und entsprechend gefährlich. Selbstverständlich war es bei solchen Begegnungen ungeschriebenes Gesetz, im Auto zu verharren und die Fenster geschlossen zu lassen. Nachdem der Bär also eine Weile gewartet hatte, wurde ihm das Herumstehen anscheinend zu langweilig. Gemütlich legte er sich vor unserem Wagen nieder. Er schien dort ein date zu haben, denn im gleichen Moment tauchte ein zweiter, noch größerer Petz auf, und im Rückspiegel konnte ich beobachten, daß er sich hinter unserem Auto zur Ruhe begab! Die nachfolgenden Wagen hielten natürlich in angemessener Entfernung an. Wir warteten gespannt ab, wie es wohl weitergehen würde. Langsam fühlte ich mich ungemütlich. Da kam mir eine rettende Idee: aus einer Tüte, die auf dem Rücksitz lag, angelten wir uns jeder eine Apfelsine, zählten bis drei, kurbelten zeitgleich die Seitenscheiben herunter und warfen auf jeder Seite eine Orange hinaus. Dann schlossen wir sofort wieder die Fenster! Unsere beiden neuen Bärenfreunde erhoben sich gemächlich und trabten zu den Früchten. Den Verzehr warteten wir nicht mehr ab, sondern gaben schnellstens Gas! Duschka hatte in ihrem Körbchen die tierische Begegnung gelassen verfolgt, sie fühlte sich ja in Sicherheit.

In Hollywood mieteten wir uns ein Haus am Laurel Canyon. Zu dem Anwesen gehörten zwei weitere Bungalows, die wir jedoch nicht nutzten. Das Haus war sehr hübsch, vollständig möbliert und kostete monatlich 40 Dollar. Die Lage war hervorragend, und wir waren froh, wieder im schönen Kalifornien zu sein. Am ersten Tage machte ich einen langen Spaziergang den Hügel hinauf. In ungefähr zwanzig Meter Entfernung vor mit kraxelte etwas den Waldweg mühsam hinan. Bei näherer Betrachtung entpuppte sich dieses »Etwas« als eine Riesenschildkröte mit einem großen roten Kreuz auf dem Rücken. Sie mußte wohl irgendwo ausgerückt sein, denn im allgemeinen laufen solche Tiere dort ja nicht frei herum. Kurz entschlossen klemmte ich sie mir unter den Arm und schleppte sie mit nach Hause. Meine biologischen Kenntnisse waren nicht sehr profund, und so ging ich davon aus, daß sie im Wasser leben würde. Ich setzte sie in die halb gefüllte Badewanne. Das mißfiel der armen Schildkröte gänzlich, und sie fauchte und zischte mich wütend an. Also handelte es sich wohl um eine Landschildkröte, und ich holte sie aus dem nassen Element zurück.

Ich war von der Idee besessen, ihren Besitzer ausfindig zu machen, damit das arme Vieh wieder in geordneten Verhältnissen leben konnte. Ein zweites Mal wollte ich sie aber nicht schleppen, zumal ich ja nicht wissen konnte, ob sie wegen des ungeliebten Bades nicht vielleicht nachtragend war und mich vielleicht zwicken würde. Ich lud sie also auf eine kleine Karre, die ich auf dem Grundstück fand, und machte mich auf den Weg zu den Nachbarhäusern. »Haben Sie vielleicht eine Schildkröte verloren,« fragte ich den Erstbesten. Der knallte mir die Tür vor der Nase zu. Der Zweite: »Nee, ich hab schon einen Elefanten in meiner Garage,« und der Dritte: »Nein, aber ich kann Ihnen einen kräftigen, linken Haken anbieten!« Die hielten mich alle für betrunken. Obwohl ich die Schildkröte langsam gern hatte, brachte ich sie einige Tage später zu Friedrich Holländer. Er hatte schon die verschiedensten Tiere in seinem Garten liebevoll in seine Obhut genommen. Doch die Schildkröte war ein unruhiger Geist, und drei Tage später wieder verschwunden ...

Der frühere kaufmännische Direktor des Berliner Varietés »Scala«

Arthur Spitz, hatte in Hollywood einen Treffpunkt für Emigranten eröffnet. Dort trafen sich ehemalige Prominente aus Deutschland, wie beispielsweise Ernst Deutsch, Albert Bassermann, Siegfried Arno, der frühere Berliner Polizeivizepräsident Bernhard Weiss und viele andere. Da herrschte immer eine gemütliche Atmosphäre. Die meisten Besucher hatten natürlich kaum Geld, und es kam vor, daß man sich im Keller am Kühlschrank begegnete, wo der eine oder andere sich heimlich etwas Brot oder Käse zum Frühstück in die Tasche steckte.

Arthurs Frau Anita führte übrigens als erste zusammen mit einer Partnerin in großen Varietés und Cabarets mit beachtlichem Erfolg Gesellschaftstänze vor. Arthur selber war querschnittgelähmt, aber ein sehr temperamentvoller, kluger Kopf, der unentwegt neue Pläne schmiedete. Eines Tages rief er mich zu sich und eröffnete mir, daß er das alte Opernhaus in Los Angeles gepachtet hätte, um dort Operetten aufzuführen. Er wollte mit der »Lustigen Witwe« eröffnen und bot mir die Rolle des Danilo an. Ich hielt das zunächst für Phantasterei, aber der unverbesserliche Athur Spitz hatte nicht geflunkert. Die Gage, die er bieten konnte, war natürlich nicht sehr hoch, aber ich war froh, endlich mal wieder spielen zu können.

Ich lernte die Partie in englischer Sprache sehr schnell. Die Proben dauerten knapp vier Wochen. Die Premiere wurde ein Riesenerfolg. Arthur versicherte mir immer wieder: »Ich wußte, daß ich mich auf Dich verlassen kann!« Sofort gab er mir einen Vertrag für die nächste Produktion: »Rose-Marie« von Rudolf Friml. Schon von Probenbeginn an war ich in ein Hotel in Los Angeles gezogen, denn obwohl Hollywood ein Stadtteil von Los Angeles ist, war mir der Weg früh morgens hin und spät abends zurück in mein Haus zu weit. Meine bildschöne Partnerin hielt es ebenso, und so hatten wir eine in jeder Beziehung angenehme Zeit.

Auch »Rose-Marie« war erfolgreich. Einen kleinen Schönheitsfehler hatte die Aufführung allerdings. Kurz zuvor nämlich war der Film mit Jeanette Mc Donald und Nelson Eddy erschienen, und das Publikum in Los Angeles erwartete eigentlich, den Film zu sehen. Operette »live« kannte man überhaupt nicht und fand das sehr ungewöhnlich. Das Stück war in Berlin Anfang der 20er Jahre uraufgeführt worden, produziert vom berühmten Oscar Hammerstein vom Broadway, ein entfernter Verwandter von mir. Er kam seinerzeit zur Uraufführung extra nach Berlin. Leider war ich damals noch zu klein und in meinem kindlichen Unverstand gar nicht an Theater interessiert. Ich weiß nur noch, daß wir die ganze Familie Hammerstein besuchen mußten, und ich alles entsetzlich langweilig fand! Arthur Spitz wollte noch ein anderes Stück herausbringen, doch das Geld war ihm ausgegangen, und somit war Schluß für ihn mit dem Theatermachen.

Eines Tage rief mich Mrs. Mayer an, die Frau des großen MGM Chefs Louis B. Sie bat mich, bei einer großen Veranstaltung ohne Gage zu singen. Natürlich sagte ich zu, denn ich versprach mir davon eine Menge Publicity. Mrs. Mayer konnte sich vor Begeisterung über meinen Gesang gar nicht einkriegen und schickte mich zum »Castingdirector«, dem Besetzungschef von MGM. Er hörte sich meine Geschichte gelangweilt an und erwiderte dann: »Wir haben schon einen Sänger, Nelson Eddy.« »Aber der ist Bariton und ich bin ein Tenor,« trumpfte ich hoffnungsvoll auf. »A singer is a singer,« »Ein Sänger ist ein Sänger,« war seine stupide Antwort. Ohne ein weiteres Wort war das Treffen beendet. Er war in jener Zeit der »liebe Gott« in Hollywood und viele Schauspielerinnen machten ihre Karrieren nur über seine Bettkante ...!

Mein Agent bot mir wieder mal Werbespots in einer Radiosendung an. Auf meine vorsichtige Frage nach dem Auftraggeber antwortete er: »Der bekannte Friedhof von Inglewood, die möchten gern Walzer hören.« Andere Länder andere Sitten, das war neu für mich, für einen Friedhof hatte ich noch nie gesungen, aber es wurde gut bezahlt. Mein erstes Lied war von Emmerich Kálmán mit dem sehr sinnigen Text »Ich sing' mit Dir und tanz' mit Dir ins Himmelreich hinein.« Niemand hatte etwas dagegen einzuwenden, und ich wurde gleich für zwei weitere Werbeaufnahmen engagiert.

Die Schauspielerin June Worlock, bildhübsch, ungefähr vierzig Jahre alt und mit einem älteren englischen Schauspieler verheiratet, von dem sie allerdings keinen Gebrauch machte, hatte ich auf irgendeiner Party kennengelernt. Sie rief mich eines Tages an: »Ich bin zwar keine Agentin, aber wenn Sie Lust haben, dann können Sie am Sonnabend in der ›Cocoanut Grove‹ singen.« Das war der bekannteste Nightclub Kaliforniens, und die berühmte Band von Guy Lombardo spielte dort allabendlich. Im allgemeinen begleitete er nur »Topstars«, aber June Worlock hatte es irgendwie geschafft, ihn zu überreden, mich singen zu lassen. Bei der Probe wurde ich wenig freundlich begrüßt. Als ich dann abends zur Vorstellung kam, waren meine Noten verschwunden, einfach weg! Ich suchte überall verzweifelt und ließ nicht locker. Schließlich entdeckte ich sie in einer Ecke auf der Herrentoilette! Ich war außer mir vor Wut, nahm mich aber zusammen, sonst hätte mich Lombardo gleich rausgeschmissen. Erst später fiel mir ein, daß ja sein Bruder der ständige Sänger des Orchesters war und an diesem Abend meinetwegen nicht singen durfte. Nach meinem Auftritt riefen die Gäste »Encore, encore!« aber Lombardo nahm keine Notiz von den da capo Rufen. Also wieder mal nichts!

Die rührende June Worlock war aber wild entschlossen, mir zu helfen. Sie stellte mich einem der großen PR-Manager Hollywoods vor, der schon vielen Begabten und Unbegabten den Weg zum Starruhm geebnet hatte. Wer von ihm betreut wurde, zu seinen »Kunden« zählte, konnte mit an Sicherheit grenzender Wahrscheinlichkeit in den Kreis der Auserwählten treten, die »in« waren oder es durch ihn wurden. Das ging so vor sich: Er brachte in allen amerikanischen Zeitungen die unglaublichsten »Histörchen« unter, die zumeist erfunden waren, aber die Neugier von Millionen Lesern erweckte. Dieser Mann wollte mich also »betreuen«. Die Sache hatte einen Haken: »Ich bekomme von Ihnen 1000 Dollar die Woche, bis man erst mal von Ihnen spricht. Das ist ein Spezialpreis, weil Sie ein Freund von June sind!! Später sprechen wir dann über neue Bedingungen.« »Ich überlege mir alles noch mal,« verabschiedete ich mich mit fröhlichem Grinsen. Meistens war ich schon froh, wenn ich gerade mal zwanzig Dollar in der Tasche hatte.

Ich mußte an die sarkastische Anzeige des Inglewood-Friedhofs denken: »Why run around half alive, if you can be buried for already 50 Dollars.« Warum halb lebendig herumlaufen, wenn man schon für 50 Dollar beerdigt werden kann!

Ab und zu trafen sich Emigranten in meinem Hause, überwiegend berühmte Künstler aus Deutschland. Sie brachten Essen und Trinken mit und blieben meist von fünf Uhr nachmittags bis zwei Uhr morgens. Auch andere Berufssparten waren vertreten, beispielsweise ein bekannter Filmverleiher aus Berlin. Der arbeitete nun als Chauffeur bei einer schwerreichen Familie, die fünf Autos hatte. Jeden Mittwoch Morgen fuhr er einen Rolls Royce vor unsere Haustür, um mit einem Schlauch etwas Benzin in den Tank meines Wagens zu füllen. Ein einst schwerreicher Juwelier, der seine Frau nicht ausstehen konnte, kam auch jede Woche und bügelte unsere Wäsche. Galgenhumor war gefragt in dieser Zeit.

Als ich eines Tages schnell auf den Markt fahren wollte, um für dreißig Cents einen zwei Tage alten Kuchen zu kaufen, bat mich ein junges Mädchen, das auch bei uns zu Gast wir, mitkommen zu dürfen. Sie war 23 Jahre alt, ausnehmend hübsch, ungewöhnlich intelligent und studierte Philosophie und Kunstgeschichte. Sie bereitete gerade ihre Examina vor. Danach wollte sie noch ein Medizinstudium beginnen. Wir fuhren los. Nach einigen Minuten sagte sie: »Bitte fahre jetzt links in den Waldweg hinein.« Etwas verwundert befolgte ich ihre Anweisung. Nach einigen Metern überraschte sie mich dann mit der Forderung: »Halt an! Schlag mich ins Gesicht!« Ich lachte nur und fragte: »Wieso, hat Dich was gebissen?« »Schlag mich, schlag mich!« rief sie immer wieder und ihr Stimme ging über in ein scheußliches Gekreische. Ich wurde wütend und gab ihr wirklich eine Ohrfeige. »Du lernst schnell!!« meinte sie verblüfft. Aber ich war wirklich böse und wollte weiterfahren. »Einen Moment noch,« sagte sie, »Du kennst doch das unbewohnte Haus etwa 100 Meter von Deinem entfernt. Ich habe dort einen kleinen Keller entdeckt, der schon seit Jahren unbenutzt zu sein scheint. Du wirst am kommenden Mittwoch Deinen Frack anziehen und mit mir dorthin gehen. Bring Dir was zu lesen mit. Du mußt mich fesseln und an zwei Gittern festbinden. Ich habe das schon alles erkundet. Dann setzt Du Dich in den vergammelten Sessel, liest einfach und nimmst keine Notiz von mir. Ich bringe eine ganz tolle Peitsche mit, dann mußt du mich alle fünfzehn Minuten auspeitschen, danach kannst Du weiterlesen.« Angewidert fuhr ich sie an: »Du bist wahnsinnig. Such Dir jemand anderen! Hör sofort auf mit diesem Blödsinn oder verlaß meinen

Wagen.« Sie war ganz bleich und schwieg. Ich war total schockiert. Ohne ein weiteres Wort stieg sie am Hollywood Boulevard aus. Jahre später las ich, daß sie eine der bedeutendsten Psychoanalytikerinnen Amerikas geworden war!

So lernte ich im Laufe der Zeit viele merkwürdige Menschen kennen. Ein in Deutschland berühmter Schauspieler, damals an die 60 Jahre alt, mußte immer auf »Befehl« seiner Frau einen Kindermatrosenanzug anziehen und dann stundenlang in einer Ecke auf dem Boden sitzen! »Monkies are the craziest people« sagen die Amerikaner, Affen sind die komischsten Menschen!

Der Komponist Emmerich Kálmán, der ja auch längere Zeit in Hollywood lebte, rief mich eines Tages an und fragte, ob ich Lust hätte, bei einem der größten Filmagenten mit Gitta Alpar zusammen einige seiner Operettenlieder vorzusingen. Natürlich freute ich mich, mit Gitta singen zu dürfen, die leider auch nie eine Karriere in Hollywood machen konnte und sich mit Gesangsunterricht mühselig durchschlagen mußte. Wir kamen gleichzeitig bei dem Filmfritzen an, und man bat uns, im Salon noch ein wenig Platz zu nehmen. Wir unterhielten uns über dies und das, vor allem über Gittas sensationelle Erfolge in Berlin mit Richard Tauber im Metropol Theater und ihre Opernauftritte an der Staatsoper. Mittlerweile waren schon 40 Minuten vergangen.

Kein Mensch ließ sich blicken, auch nicht nach 60 Minuten. Langsam wurde mir die Warterei unangenehm. Außerdem fand ich es empörend, daß man eine Frau wie Gitta einfach so schmoren ließ. Dann kam endlich der Diener und sagte schnöselig: »Die Herrschaften sind gleich mit dem Essen fertig!« Ich wollte aufstehen und gehen, aber Gitta beschwichtigte mich: »Wir sind eben arme Immigranten und nicht so reich wie Herr Kálmán.« Sie ertrug es mit Humor, ich hingegen war empört. Endlich bat man uns dann in den Salon. Wir sangen unser Programm, und alle waren begeistert. Nach uns kam dann noch eine Frau mit ihrer Tochter dran. Der Agent fragte die Kleine: »Wie heißt Du?« und sie antwortete: »Judy, Judy Garland.« Nach ihrem Auftritt waren wir abgemeldet mit unseren Operettenschnulzen. Wir hatten einfach zum falschen Zeitpunkt, am falschen Ort den falschen Menschen vorgesungen, das war eben Schicksal!

Ich wollte gerade in meinen Wagen steigen, nachdem ich Gitta zu dem ihren geleitet hatte, als jemand neben mir sagte: »Ich wollte nach Ihrem Gesang nichts anderes mehr hören, und bin deshalb weggegangen. Kommen Sie, wir fahren kurz hinauf auf den Hügel, um Hollywood von oben zu bewundern mit seinen tausend bunten Lichtern.« Es schien mir eine gute Idee, vielleicht würde es mich über die Enttäuschung und meine Wut hinweg bringen, weil man uns einfach so abgeschoben hatte. Das Panorama war wirklich atemberaubend, die Sterne fast zum Greifen nah. Die sehr reiche Dame, eine heute noch bekannte italienische Gräfin, krallte sich förmlich in meinen Arm, zog mich mit sich auf den Boden und flüsterte immer wieder: »Ich weiß ja, was Du willst; ich weiß ja, was Du willst!«

June meldete sich wieder bei mir. Immer noch versuchte sie, die große Karriere für mich zu erzwingen. Sie schleppte mich von Party zu Party, und so lernte ich Weltstars kennen: Clark Gable, Doris Day, Gary Cooper, Joan Crawford und viele andere. Bald fühlte ich mich fast selbst wie ein Star, obwohl ich nur ein »verkrachtes Genie« war. June war in erster Ehe mit dem jungen hochbegabten MGM-Produzenten Irving Thalberg verheiratet gewesen. Aufgeregt rief sie mich eines Morgens an: »Bitte sei morgen pünktlich um zehn Uhr bei Irving Thalberg in seinem MGM Büro, er erwartet Dich!« Um halb zehn war ich schon da. Punkt zehn öffnete sich eine Tür und ein junger Mann reichte mir freundlich die Hand. »Ich bin mit Mr. Thalberg verabredet,« sprudelte es mir heraus. »Ich bin Irving Thalberg.« So jung hatte ich ihn mir nicht vorgestellt. Lächelnd bat er mich, Platz zu nehmen. »Ich habe schon viel über Ihre Stimme gehört. Ich produziere als nächstes Kálmáns ›Gräfin Mariza‹ und Sie wären genau der richtige Typ für die männliche Hauptrolle. In drei Tagen beginnen wir mit den Probeaufnahmen, lassen Sie sich im Büro ein Drehbuch geben, und dort werden Sie auch alle weiteren Einzelheiten erfahren!« Ich dankte ihm und verließ MGM mit vor Aufregung schlotternden Knien.

Es war ein Montag, und für Donnerstag, sieben Uhr früh, wurde ich für die ersten Probeaufnahmen bestellt. Die Zeit verging schrecklich langsam, aber endlich war es so weit. Um sechs Uhr trank ich schnell eine Tasse Kaffee und holte die Zeitung rein. Vor meinen

Augen begann die Schlagzeile zu verschwimmen, krampfhaft versuchte ich mich am Stuhl festzuhalten und entzifferte schließlich: »Ganz unerwartet ist gestern abend der beliebte und so begabte Produzent Irving Thalberg einem Herzversagen erlegen!« Nur langsam begriff ich die Nachricht. Eigentlich konnte es doch nicht wahr sein, daß ich immer, wenn ich glaubte, endlich oben angekommen zu sein, die Treppe runterfiel! Wieder einmal war ich total erledigt.

Überfall auf Pearl Harbour
Der Krieg hat uns eingeholt – »Gentlemen in Uniform, please speak English« – Die Einwanderung in die USA

Ich war als Besucher in die USA eingereist. Aber sowie ich in Hollywood angekommen war, hatte ich meine Einbürgerungspapiere eingereicht. Dafür mußte man den Nachweis über den Besitz von mindestens 5000 Dollar erbringen. Natürlich hatte ich sie nicht. Heinz Herald, früher Dramaturg bei Max Reinhardt, bewies sich als wahrer Freund in der Not. Er arbeitete bei Warner Brothers und hatte bereits große Erfolge als Filmautor. Zusammen mit Geza Herczeg schrieb er die Drehbücher für Filme mit den großen amerikanischen Schauspielern Paul Muni und Edward G. Robinson. Herald besprach meine Situation mit Herczeg, und sie beschlossen, mir das Geld zur Verfügung zu stellen. Die Rückzahlung hatte überhaupt keine Eile. Die Einbürgerungsprozedur unterlag strengen Gesetzen: Zunächst mußte man einen Einbürgerungsantrag stellen. Wenn dem stattgegeben wurde, mußte man circa drei Monate lang in eine Abendschule gehen, um die Geschichte und die Sprache einigermaßen zu erlernen. Dann wurde man vom FBI auf Herz und Nieren geprüft, was über ein Jahr dauern konnte. Schließlich mußte man eine Prüfung ablegen. Erst wenn auch die bestanden war, konnte man endlich als amerikanischer Staatsbürger eingeschworen werden. Ich mußte also erst einmal die USA wieder verlassen und mit einem Immigrationvisum erneut einreisen. Die Staaten zu verlassen, war unproblematisch, denn Mexico und Kalifornien haben ja eine gemeinsame Grenze, die Grenzstädte sind Mexicali und Calexico. Wir machten uns also mit dem Auto auf den Weg. In einem zweiten Wagen folgte unser Anwalt. Der war der mexikanischen Grenzpolizei gegenüber der Garant dafür, daß wir uns nur für kurze Zeit in Mexiko aufhalten würden. Der Anwalt mußte dazu unsere bereits vorbereiteten Papiere hinterlegen. An diesem Abend hatte ein besonders unsympathischer Typ an der Grenzstation Dienst, der aber in dem Grenzhäuschen gleichzeitig eine kleine Radiostation betrieb. Der Rechtsanwalt kehrte auf die amerikanische Seite mit dem Versprechen zurück, uns am nächsten Morgen um acht Uhr wieder abzuholen.

Wir übernachteten in einem kleinen, miesen Hotel nahe der Grenze. Das Zimmer war mit zwei uralten Bettgestellen, einem völlig zerkratzten Tisch und zwei wackeligen Stühlen notdürftig möbliert. Alles hatte schon mal bessere Zeiten gesehen. In den sogenannten Betten fand wohl gerade ein Karneval der Tiere statt, denn Wanzen und Flöhe tanzten fröhlich durcheinander. Da wollten wir natürlich nicht stören und verbrachten die Nacht völlig angezogen auf den Stühlen, in der Hoffnung, daß sie wenigstens bis zum Morgen nicht zusammenbrechen würden. Auch das überlebten wir unbeschadet. Früh eilten wir zur Grenzstation, um unseren Anwalt mit den Papieren dort zu treffen.

Ich hatte die Angewohnheit, immer ein paar meiner englischen Platten bei mir zu haben, um sie notfalls verschenken zu können. An diesem Morgen sollte sich das als besonderer Glücksfall herausstellen. Als wir das Büro des immer noch sclecht gelaunten Grenzpolizisten betraten, empfing er uns mit der Nachricht, daß unser Anwalt leider verhindert wäre, weil seine Frau vor der Zeit ein Baby bekommen hatte. Er wollte uns aber, so schnell wie es die Situation erlaube, abholen. Höhnisch lächelnd und voller Schadenfreude fügte der Grenzer hinzu: »Übrigens, mit Ihren Papieren stimmt etwas nicht. Bis ich alles überprüft habe, muß ich Sie festnehmen!« Leider ließ er uns nicht die Gründe für seine Zweifel wissen. Nun, in einer kleinen mexikanischen Stadt im Gefängnis einzusitzen, wollte ich mir lieber nicht vorstellen! Ich bot alle meine Überredungskünste auf, aber er blieb hart. Plötzlich kam mir ein Gedanke: Man hatte mich ja schon vorgewarnt, daß eine »kleine Gabe« unter Umständen manche Schwierigkeit aus dem Wege räumen könnte. Ich fragte ihn, ob ich noch mal schnell zu meinem Wagen gehen dürfte, was er mir erstaunlicher Weise gestattete. Ich holte die Tüte mit den Platten und ein leeres Kuvert, kehrte mit bedeutsamen Gesicht zurück. »Schade, ich hatte Ihnen etwas mitgebracht,« und ich nahm das zugeklebte, leere Kuvert und steckte es umständlich wieder ein. »Warten Sie,« sagte er mit plötzlich aufgehellter Mine, »ich schau' mir die Akten noch einmal an, vielleicht habe ich ja bei der ersten Durchsicht etwas übersehen.«

Damit hockte er sich hinter seinen Schreibtisch und tat so, als ob er die Papiere intensiv lesen würde. Dann kam er nach einer angemessenen Weile zurück und hatte seine Meinung geändert: »O.k. Ich laß' Sie noch einmal durchgehen«, drückte diverse Stempel auf unsere Dokumente, schielte dabei aber schon heftig nach der Tüte mit den Platten. Noch etwas zögernd übergab er mir schließlich unsere Papiere, und im Gegenzug überreichte ich ihm das leere Kuvert zusammen mit der Plattentüte. »Schnell zum Wagen«, flüsterte ich Lotte zu, »bevor er merkt, daß der Briefumschlag leer ist!« Wir hasteten zum Auto und waren in Sekunden in der amerikanischen Grenzstation. Wir konnten es uns nicht verkneifen, einen Blick zurück zu werfen: Wir sahen gerade noch, wie unser mexikanischer Freund die Plattentüte und das geöffnete leere Kuvert auf den Boden pfefferte und freuten uns diebisch über seine Wut! Wir dankten unserem Schöpfer, daß wir als freie Bürger in die Vereinigten Staaten einwandern durften!

Unsere Hauswirtin in Hollywood begrüßte uns mit einer Flasche Champagner. Sie eröffnete uns: »Sie sind so gute Menschen, und ich habe Sie so liebgewonnen. Lange bin ich mit mir zu Rate gegangen und habe schließlich beschlossen, Ihnen das Haus, das Inventar samt der zwei Bungalows für 4000 Dollar zu überschreiben.« Sie wollte zurück nach Texas und hatte niemanden, dem sie die Immobilie vermachen konnte. Ich war sehr gerührt, nur fehlten mir leider die 4000 Dollar, und bei meiner kaufmännischen Talentlosigkeit wußte ich auch nicht, wie ich das Geld organisieren sollte. Schweren Herzens mußte ich ablehnen. Heute ist das Grundstück in exzellenter Gegend ein Millionenobjekt! Es gab damals einen populären Schlager, der es treffend ausdrückte: »If I knew then, what I know now« - wenn ich damals gewußt hätte, was ich heute weiß ...

Ich tingelte weiter in der Nachbarschaft herum, verdiente recht und schlecht meinen Lebensunterhalt. Ein Zimmer hatten wir an eine Russin vermietet, die Schwägerin des berühmten Schriftstellers Vladimir Nabukov. Sonja war in Washington Simultanübersetzerin gewesen, hatte aber diesen aufreibenden Beruf bis auf weiteres aufgegeben. Mir ging es jedenfalls besser, als den meisten Emigranten, die, wenn Sie Glück hatten, eine Weile stempeln gehen konnten oder von Spenden privater Organisationen am Leben erhalten wurden.

Liesel Franck, die Tochter der berühmten Fritzi Massary, tat ungemein viel für die vor den Nazis aus Deutschland geflüchteten Künstler. Viele lebten in grotesken Verhältnissen. Zufällig traf ich in einem
Drugstore Heinrich, meinen Cousin zweiten Grades und Sohn einer
ehemals sehr reichen Berliner Familie. Einst besaß er alles, was er
sich wünschte. Aber vor allem wollte er nichts mit Arbeit zu tun
haben. Nach den anfänglichen Floskeln über die Wiedersehensfreu-
de erzählte er von sich:»Ich habe einen Job als Nachtwächter auf
einem großen Gelände und bewohne in einem Keller ein verlassenes
Hundebad. Mein Mitmieter ist ein deutscher Schäferhund, der mit
mir zusammenarbeitet.« Heinrich, mit Familiennamen Lesser, hatte
sich klangvoll in Henry de Lesser umbenannt. Er sah noch immer
sehr gut aus, und seinen Charme hatte er auch nicht eingebüßt.

Mir kam eine Idee: Lotte hatte eine Ungarin kennengelernt, die
mit einem Ölmagnaten verheiratet war. Außer an seinem Geld war
die Frau nicht weiter an ihrem Mann interessiert. Sie konsultierte
eine Wahrsagerin nach der anderen, und brav erzählte sie Lotte von
ihren zahlreichen Liebesaffären, warf das Geld mit vollen Händen
zum Fenster raus. »Wir werden Heinrich der Dame als einen der
berühmtesten indischen Wahrsager vorstellen. Mit etwas Schminke -
er ist ja ein dunkler Typ - und einem Turban werden wir ihn schon
hinkriegen. Wenn Du ihn vor jeder Séance über die jeweils aktuelle
Liebesaffäre aufklärst, hätte er doch ein gutes Hintergrundwissen.
Entsprechend hoch kann Heinrich sich seine ›seherischen Anstrengungen‹ honorieren lassen. So könnte er ein wenig vom Reichtum
der Dame naschen.« Madame durfte natürlich keinen Verdacht
schöpfen, daß wir uns kannten. Not macht erfinderisch, aber bevor
sie anderen ihr Geld sinnlos in den Rachen werfen würde, täte sie
doch in Heinrichs Fall auch noch ein gutes Werk! Jedenfalls war
Heinrich als Hellseher eine Zeitlang sehr erfolgreich, bis auch diese
Quelle versiegte, weil Madame sich anderen Amüsements zuwandte.

Lange hörten wir von Heinrich nichts mehr. Als das sauer »verdiente« Geld aufgezehrt war, arbeitete er als Nachtportier in einer
miesen Absteige. Aber irgendwann war ihm das Glück hold: Er heiratete eine Frau mit Geld. Übrigens hatte er eine kostspielige Angewohnheit: Als er noch für sich selber sorgen mußte, sparte er müh-

sam Geld zusammen, um Silvester immer nach New York fahren zu können. In seinem alten, eleganten Frack zog er dann eine Nacht lang durch teure Bars. Am nächsten Tag fuhr er wieder zurück nach Hollywood!

Der Krieg in Europa dauerte nun schon zwei Jahre. Nach dem Überfall Hitlers auf Polen hatte ich sehr wenig von meinen Angehörigen und Freunden in Berlin gehört. Und auch die wenigen Nachrichten waren in den letzten Monaten versiegt. Die Grausamkeiten der Nazis, von denen wir hin und wieder gerüchteweise hörten, hielten wir zunächst für maßlos übertrieben und nicht vorstellbar. Langsam fürchteten wir aber doch das Schlimmste. Ich sorgte mich sehr um meine Schwester Edith, eine auffallend schöne Frau, und deren Tochter. Edith war geschieden, und ich hatte immer ein gutes Verhältnis zu ihr und meiner Nichte. Jeder Kontakt war plötzlich abgerissen. Sie wollte nach Amerika kommen, und ich hatte bereits eine Bürgschaft in Höhe von 50.000 Dollar für sie organisiert. Danach hörte ich nichts mehr von ihr, bis ich 1943 von einem Rechtsanwalt aus Berlin einen Brief bekam, in dem er mich aufforderte, ihm 5000 Dollar zu überweisen. Dafür würde er eine Flucht meiner Schwester aus Deutschland ermöglichen. Nachforschungen ergaben, daß dieser Rechtsanwalt gar nicht existierte. Nach Kriegsende erfuhr ich, daß meine Schwester bereits 1942 zusammen mit ihrer damals fünfzehnjährigen Tochter Marion in Auschwitz ermordet worden war!

7. Dezember 1941: »Japanische Flugzeuge überfallen die amerikanische Flotte in Pearl Harbour!« Diese Nachricht bedeutete auch KRIEG auf dieser Seite des Atlantik, womit zu jener Zeit keiner gerechnet hatten. Trotz dieses für die Amerikaner verheerenden, blitzartigen Überfalls blieben sie erstaunlich »cool«, obwohl sie auf einen Krieg überhaupt nicht vorbereitet waren. Sofort gab es die notwendigen Warnungen: Abends und nachts alle Lichter löschen, Jalousien und Vorhänge herunter lassen. Schließlich ist es ja auch nicht weit von Hawaii nach Kalifornien. Beklommen saßen wir da und warteten ab. Erst einmal geschah nichts weiter. Aber am 8. Dezember bekam ich Besuch von zwei Herren und einem Offizier. Sie machten mir die freudige Mitteilung, daß sie mich zum Leiter der

»airraid warden«, der Flakhelfer, ernannt hatten. In einem Blitzkursus weihten sie mich in meinen neuen Job ein. Das alles unterlag natürlich höchster Geheimhaltung, war »topsecret«. So ganz nebenbei fragte mich der Offizier: »Sie sind doch amerikanischer Staatsbürger?« Aufgeregt und schon ein wenig stolz antwortete ich: »Noch nicht, aber bald! Ich habe bereits sämtliche erforderlichen Examina bestanden, nun muß ich nur noch eingeschworen werden. Das hat sich wohl durch den Kriegsbeginn etwas verzögert. Noch habe ich meinen deutschen Paß.« Der arme Mann starrte mich voller Entsetzen, ja Panik an und stotterte: »Dann sind Sie ja ein enemy alien - ein feindlicher Ausländer! Sie werden verstehen, daß ich unter diesen Umständen alle Papiere zurück haben muß, die ich Ihnen überlassen habe. Vergessen Sie am besten unser Gespräch.« Und voll Grausen entschwanden die drei Männer. Ich konnte sie verstehen, denn inzwischen fühlte ich mich ja amerikanischer als die Amerikaner.

Jeder »enemy alien« bekam die Auflage, sich nicht weiter als fünf Kilometer von seinem Wohnort zu entfernen. Das war unmöglich für mich, da ich ja in Südkalifornien tingeln mußte. Nur die Österreicher durften sich frei bewegen. Einer von uns Deutschen bemerkte sehr richtig: »Daß wir hier quasi eingesperrt sind, ist an sich nicht erfreulich, das Schlimmste jedoch ist das Mitleid der österreichischen Kollegen!« Sie ließen auch keine Gelegenheit aus, uns ihre Freiheit zu demonstrieren! Aber Verbot hin, Verbot her, ich nahm meinen Wagen und fuhr 52 Kilometer zu dem für uns zuständigen Amt. Dort erklärte ich dem diensthabenden Offizier meine Situation und bekam tatsächlich die Erlaubnis, mich ab sofort frei bewegen zu dürfen. Daß ich mich eigentlich schon mit meiner 52 Kilometer Fahrt zu der Behörde strafbar gemacht hatte, interessierte keinen Menschen!

Obwohl ich noch nicht amerikanischer Staatsbürger war, hätte ich dennoch einberufen werden können. Zu meinem Glück hatte ich noch keinen Stellungsbefehl erhalten. Ich wollte mich aber für das Land nützlich machen und meldete mich zur »California Stateguard«, wo man ein Regiment für Ausländer gegründet hatte. Man bekam Uniform und Ausrüstung wie ein richtiger G.I. und mußte jeden Sonntag in einer Kaserne in Los Angeles zum Exerzieren und

Lernen antreten, wie es sich für einen Rekruten gehört. Vor dem ersten »Übungstag« versammelten sich ungefähr 30 Emigranten, Deutsche und Österreicher, im Garten meines Hauses. Es war eine illustre Gesellschaft. Die meisten waren Künstler, darunter viele ehemalige Stars aus »Old Germany«. Völlig ungeübt im Kriegshandwerk, wollten wir uns in der Kaserne nicht zu sehr blamieren und schon mal vorher mit Schrubbern und Besen im Arm ein wenig das »Gewehr präsentieren« üben. Wir überstanden dieses Abenteuer ohne ernsthafte Zwischenfälle. Nach dieser Anstrengung mußten wir anschließend noch im bekannten »Schwab's Drugstore« eine Tasse Kaffee trinken. Dort konnte man oft vor und hinter dem Tresen die berühmtesten Filmstars treffen! Diese Cafébar lag gegenüber dem »Grauman's Chinese Theatre«, wo die Großen des Films noch heute auf dem Hollywood Boulevard ihre Fußabdrücke für die Ewigkeit ins Pflaster einzementieren. Wir waren eine ziemlich lautstarke Meute. Am zweiten Sonntag wiederholte sich das Ritual, und wir entdeckten bei Schwab ein neues, großes Plakat: »GENTLEMEN IN UNIFORM, PLEASE, SPEAK ENGLISH!«

Eines Tages war ein Manöver angesagt. Zur Tarnung bedeckten wir unsere Uniformen mit Laub und Zweigen und schwärzten unsere Gesichter. Dann wurden wir losgelassen! Ich umzingelte ein Kornfeld und schlich wie ein Indianer auf dem Kriegspfad hin und her, dann rief ich laut: »Ihr seid umzingelt, ergebt Euch!« Keine Antwort. »Ihr seid gefangen, kommt raus!« Nichts geschah. Als ich zum Hügel hochschaute, sah ich dort schon alle wieder versammelt. Ich rannte schnell hinauf und hörte gerade noch den diensthabenden Major sagen: » ... und da unten läuft immer noch so ein Idiot rum und spielt Krieg!« Zutiefst gekränkt marschierte ich mit den anderen zurück in die Kaserne, setzte mich unter dem spöttischen Gelächter meiner lieben Mitstreiter auf einen Stuhl und begann mein Gewehr zu reinigen. Ich schulterte es, drehte mich auf die linke Seite und knallte den Kolben einem Kollegen direkt an den Schädel. Ohne Zweifel war das ein Berliner: »Blöder Hund, noch nich mal richtig halten kannste die Knarre!« Dabei war ich immerhin schon zum Gefreiten befördert und sollte in drei Wochen die Prüfung für den Rang eines Unteroffiziers ablegen. Dafür mußte ich einen Zug exerzieren lassen. Alles lief gut, bis ich zum Schluß »kehrt Marsch« sagen sollte und vor Aufregung den Befehl auf Englisch vergessen hatte. Meine lieben Kampfgenossen marschierten unter bestialischem Gelächter einfach immer weiter geradeaus - gegen die Wand! So blieb ich also Gefreiter und mußte der Offizierslaufbahn entsagen. Einmal mußte ich völlig unbewaffnet in einem abgelegenen Wäldchen eine Brücke bewachen. Das Kommando dauerte eine Woche, den Sinn dieser Aktion sah ich zwar nicht ein, aber sicherlich diente er der guten Sache.

Dann wurde ich an den Hollywood Boulevard versetzt. Ich mußte ihn von zwanzig bis acht Uhr morgens »bewachen«. Alle verdächtigen Vorkommnisse hatte ich mit einem Feldtelefon sofort zu melden. Eines nachts rief gegen drei Uhr ein Witzbold meine Frau an, die sehr leicht eifersüchtig wurde. Er fragte scheinheilig, ob sie wüßte, daß ich am Hollywood Boulevard mit einem blonden jungen Mädchen in meinem Auto säße. Die Arme kam sofort per Taxi angesaust, fand mich aber ordnungsgemäß allein Wache haltend. Kurz zuvor hatte mich tatsächlich eine junge Dame verlassen, es war aber nur ein harmloser Besuch gewesen.

Ich bin übrigens öfter mit Lilian Harvey aufgetreten, die in Hollywood leider auch nichts erreichen konnte. Wieso sie Deutschland verlassen hatte, blieb ihr süßes Geheimnis. Sie lebte vom Verkauf ihres Schmucks, war aber immer bester Laune und guten Mutes. Während des Krieges arbeitete sie als »Blutabnehmerin«, als Krankenschwester. Ein junger deutscher Refugee verknallte sich unsterblich in sie. Er kam täglich, um sich von ihr Blut abzapfen lassen! Ein Machtwort der Ärzte verhinderte sein vorzeitiges Ende.

Ein »Walzertraum« für den Präsidenten
Oscar Straus greift daneben – eingeschworen als US-Bürger und ein fester Job im Kriegsinformationsdienst

Ich wartete täglich auf meinen Stellungsbefehl. Eines morgens kam ein Anruf: »Hier ist Walter Straus!« »Walter Straus, ich kann mich nicht erinnern ...?« »Mensch, Du weißt doch, der Sohn von Oscar!« »Oh ja, natürlich, entschuldige, daß ich Dich am Telefon nicht gleich erkannt habe, was verschafft mir denn die Ehre?« »Mein Vater veranstaltet in der Constitution Hall in Washington ein großes Konzert vor Präsident Roosevelt und dem gesamten Kabinett. Vater läßt fragen, ob Du seine Kompositionen, wie den ›Walzertraum‹ und andere singen würdest. Mit dabei ist noch eine junge Sängerin von der Met. Hoffentlich kannst Du es einplanen. Du müßtest aber in vierzehn Tagen in New York sein und mit meinem Vater die Proben beginnen.« »Natürlich, wahnsinnig gern, doch ich kann Dir erst morgen genau Bescheid sagen.« Am liebsten wäre ich natürlich auf der Stelle gefahren, aber ich hatte ja viel in Amerika gelernt und dazu gehörte eben auch ein bißchen Bluff! Ich mußte ihm doch vorgaukeln, daß ich sehr beschäftigt sei! Am nächsten Morgen rief er wieder an, und sagte zu.

Ich buchte die preiswerteste Fahrt mit dem Autobus nach New York, der für die Strecke vier Tage und fünf Nächte brauchte! Lotte blieb in Hollywood. Unmittelbar nach meiner Abfahrt kam mit der Post mein Stellungsbefehl! Aufgeregt ging sie sofort zur Meldestelle und erklärte, daß ich unterwegs nach New York sei. »Das macht nichts,« erwiderte der zuständige Feldwebel, »wenn er angekommen ist, soll er sich dort in der Meldestelle einfinden, keine Eile, und machen Sie sich keine Sorgen, Madam!« So großzügig ging es in der Army zu - stellen Sie sich das in Deutschland vor! Unterdessen zuckelte ich, von alledem nichts ahnend, in dem scheußlichen Bus nach New York. Auf eine Weise war ich eigentlich recht froh, Hollywood den Rücken kehren zu können. Im Moment hatte ich dort nichts zu verlieren und die Tingelei hing mir langsam zum Halse raus. So schaute ich die vorbeiflitzende Landschaft an und hing meinen Gedanken nach. Ich kam zu dem Ergebnis, daß ich Hollywood wohl immer lieben würde, auch wenn ich dort ziemlich miese Zeiten durchzustehen hatte.

Als wir wieder einmal für eine Mittagspause anhielten, und ich gerade aussteigen wollte, gab mir eine junge Frau ein Bündel in den Arm: »Hier, halten Sie mal,« rief sie und verschwand. Bei näherem Hinsehen entpuppte sich das Bündel als winziges Baby. Es war wonnig anzusehen. Weniger angenehm fand ich, daß es bald furchtbar schrie. Mittlerweile war ich mit dem Baby ganz allein in dem Bus zurückgeblieben, der sich in der Sonne fürchterlich aufheizte. Mir wurde mulmig zumute, ich fühlte mich total hilflos, hatte überhaupt keine Erfahrung mit Babys und die Situation drohte, mir über den Kopf zu wachsen.

Wie schrieb doch Heinrich Heine:

> Anfangs wollt' ich fast verzagen,
> Und ich glaubt', ich trüg' es nie;
> Und ich hab' es doch getragen, -
> Aber fragt mich nur nicht: wie?

Gesättigt kehrten die Fahrgäste allmählich zurück, und ich hielt eifrig nach der jungen Frau Ausschau. Nur konnte ich sie nicht entdecken. Der Busfahrer schloß die Türen. »Die Mutter,« rief ich verzweifelt, »die Mutter!« Tatsächlich kam sie im letzten Augenblick angerannt und schlug von außen gegen die Tür. Der Fahrer öffnete mißmutig. Sie sprang herein, riß mir das brüllende Kind aus dem Arm und rief immerzu: »Armes Kind, armes Kind!« Sie tat gerade so, als ob ich das Baby gekidnappt hätte. Vergeblich wartete ich auf ein Dankeschön oder eine Entschuldigung. Wieder einmal verstand ich die Welt nicht mehr!

Während der restlichen Fahrt ließ ich in meiner Erinnerung die vielen Menschen Revue passieren, die mir im Laufe der Zeit in Hollywood begegnet waren. Die meisten von ihnen waren Emigranten wie ich, alle wurden aus der Bahn ihres Lebens geworfen, und alle kämpften mit mehr oder weniger Erfolg ums Überleben. Ich mußte an den Sohn des berühmten Dirigenten Leo Blech denken, der meine Wäsche zur Reinigung abgeholt hatte, oder an Werner, den Sohn Otto Klemperers, der lange vergeblich versuchte, als Schauspieler eine Karriere zu machen. Ironischerweise hatte er erst mit der Rolle eines deutschen Offiziers in einem Fernsehfilm Erfolg. Später arbeiteten wir zusammen beim Kriegsinformationsdienst. Ein ehemals sehr bekannter Filmkaufmann aus Deutschland arbeitete in einem Beerdigungsinstitut. Er mußte die lieben Verstorbenen vor ihrem letzten Weg mit Kamm und Schminke noch einmal richtig schön machen. Bekanntlich werden ja in den USA Verstorbene in den Beerdigungsinstituten zur Ansicht aufgebahrt. Eines Tages rief er mich an: »Du mußt sofort herkommen und Dir das schönste Mädchen angucken, das ich je sah.« Er war im Laufe der Zeit schon so abgestumpft, daß er gar nicht spürte, wie entsetzlich makaber dieser Anruf war.

Ich mußte auch an die teilweise komischen Situationen denken, in die wir Refugees gerieten, weil wir die Sprache und ihre Idioms noch nicht beherrschten. So erzählte mir ein Bekannter eine irrsinnige Geschichte von seiner Mutter bei ihrem Friseurbesuch in New York. Korrekt vereinbarte sie einen Termin im »Beauty Parlor«, einem Friseurladen. Pünktlich ging sie hin, war aber nach 30 Minuten schon wieder zu Hause - unfrisiert. »Wieso bist Du schon wieder zurück?« fragte sie mein Freund. »Ach weißt Du, da warteten so viele Leute und es ging überhaupt nicht voran. Ich mußte mich in ein großes Buch eintragen, aber die Atmosphäre war mir zu ungemütlich, und so bin ich wieder hier!« Drei Monate nach diesem verpatzten Friseurbesuch bekam sie mit der Post einen Scheck über 5000 Dollar geschickt! Was war geschehen? Neben dem »Beauty parlor« gab es einen Laden, der nannte sich »Funeral parlor«, Beerdigungsinstitut. Die Frau hatte nur was von »parlor« gelesen und war prompt im Beerdigungsinstitut gelandet. Der Verstorbene hatte nun testamentarisch angeordnet, daß jeder, der zu seiner Beerdigung käme, 5000 Dollar erhalten sollte, und das war in den 30er Jahren eine Menge Geld! Mit ihrer gedankenlosen Eintragung in das große Buch hatte sie sich ein nettes Sümmchen verdient.

Auch mir sind anfangs viele Fehler passiert. So wollte ich ein junges Hühnchen kaufen. Das Wort jung »young« war mir aber entfallen, und so bat ich die Verkäuferin um ein »nice jewish chicken«- ein nettes jüdisches Huhn! Als ich mein erstes Engagement im Summerresort antrat, sollte ich mich zuerst beim Produzenten melden, der sich im Park aufhielt. Ich fand ihn an einem Tisch sitzend, vertieft in ein Manuskript, die Beine auf dem Tisch. Er war ein gutaussehender Mann von etwa 40 Jahren und bat mich, Platz zu nehmen: »Please forgive my dogs on the table!« Ich übersetzte: »Entschuldigen Sie meine Hunde auf dem Tisch!« und erkannte darin natürlich keinen Sinn: »Aber ich sehe doch gar keine Hunde, wahrscheinlich haben sie in der Sonne zu sehr geschwitzt!« Keine Antwort! Ich wußte nicht, daß mit »dogs« seine Füße gemeint waren. Das waren eben die Tücken der fremden Sprache! Jedenfalls blieb das Verhältnis zu diesem Produzenten während meines Engagements recht kühl.

Auch Paul Grätz, ein Kabarettist und hervorragender Schauspieler unter Reinhardt, kam mir in den Sinn. Oft mußte ich mit ihm zum Angeln ans Meer fahren. Da stand dann der kleine Mann mit der riesigen Angelrute, schüttelte in kurzen Abständen sein graues Haupt und murmelte immer wieder: »Nee, nee, mein Berlin - mein Berlin!« Meist verließen wir so nach zwei Stunden wieder unseren Standort - ohne Fische. Die hatte ich nämlich stets mit »Steinchenwerfen« verjagt, Paule merkte beim Sinnieren nichts davon. Eines Tages kam er mit tieftraurigem Gesicht zu mir und fragte mich mit komischer Verzweiflung: »Du weesste, ick hab' zwei Anjebote für Filmrollen jekricht, aber beede sind zur gleichen Zeit: Die eene mit der Dietrich und die andere mit der Garbo. Wat soll ick nur machen?!« Er entschied sich für den Film mit der Garbo und sollte damit einen großen Erfolg haben.

Und immer wieder mußte ich an meine dreizehn Kätzchen denken, von denen ich mich nur schweren Herzens getrennt hatte. Ich hatte versäumt, beizeiten an Familienplanung zu denken. Als Duschka einst einen »Bekannten« mitgebracht hatte, war der Grundstein für die große Familie gelegt. Für alle Tiere hatte ich gute Menschen gefunden, wo sie in geordneten Verhältnissen hoffentlich ein seliges Katzenleben führen konnten. Und immer wieder mußte ich an meinen geliebten Pampi denken, eine wonnige Promenadenmischung und mein ständiger Begleiter. Leider war uns nur eine kurze gemeinsame Lebenszeit vergönnt. Pampi hatte sich zufällig in unser Leben geschlichen: Als ich wieder einmal in New York über den Broadway geschlendert war, hörte ich ein jämmerliches Quietschen. Nach einiger Zeit entdeckte ich die Quelle. Ein Individuum hatte ein winziges Fellbündel unter dem Arm und zwickte den kleinen Kerl unablässig, damit er durch sein Winseln die Aufmerksamkeit der Passanten erregte. Ich konnte den Anblick nicht ertragen, suchte meine letzten fünf Dollar zusammen und erlöste so den drei Wochen alten Welpen aus seiner mißlichen Lage. Pampi wurde schnell ein frecher und lustiger Genosse. In Hollywood genoß er viel Freiheit. Wir wohnten in der Nähe einer Feuerwehrstation. Bei jedem Einsatz, wenn die Wagen bei uns mit Tatütata vorbei sausten, holte mich Pampi mit lautem Gebell und gab nicht eher Ruhe, bis ich mit ihm der Feuerwehr hinterher fuhr. Mit fünf Jahren wurde er von einer unerklärlichen Krankheit dahingerafft. Ich war untröstlich, und es sollten Jahrzehnte vergehen, bis ich wieder einen Hund haben wollte. Hollywood war für mich ein abgeschlossenes Kapitel. Aber trotz aller Enttäuschungen erkannte ich, daß ich sicher in einer der schönsten und aufregendsten Zeiten dort gelebt hatte, die es so nie mehr geben würde.

Endlich kamen wir in New York an. Ich hatte in einem alten, riesigen Hotel, direkt am Times Square, ein Zimmer bestellt und meldete mich an der Rezeption: »Ich habe eine Reservierung auf den Namen John Hendrik.« Der Portier sah mich einen Augenblick befremdet an, dann suchte er nach einem Schlüssel und reichte ihn mir. Ich schrieb mich ein und ging guter Dinge zum Fahrstuhl. Ich sollte bis ins oberste Stockwerk fahren, einfach toll, ich stellte mir schon vor, wie ich ganz Manhattan überblicken würde. Oben angekommen, suchte ich meine Zimmernummer und fragte schließlich ein Zimmermädchen, in welche Richtung ich mich wenden sollte. »Dort hinten links ist eine kleine Wendeltreppe. Wenn Sie die hinaufsteigen, dann kommen Sie direkt in Ihr Zimmer!« Ich stieg die steilen Stufen hoch und bekam ein immer mulmigeres Gefühl! Das »Zimmer« entpuppte sich als eine winzige Dachkammer mit einer kleinen Fensterluke. Ein uraltes, verrostetes Bett war das einzige Mobiliar, die Raumtemperatur betrug mindestens 40 Grad. Etwas benommen starrte ich in den verstaubten Spiegel, und da dämmerte mir, warum sie mir ein so lausiges Quartier zugedacht hatten: Durch das tagelange Sitzen im Autobus waren beide Ellenbogen meiner Jacke durchgescheuert, und meine Hose glänzte an den Knien wie eine Speckschwarte. Kurzum, ich sah wie ein verhungerter Gammler aus! Aber ich war zu erschöpft und müde, um sofort etwas zu unternehmen. Ich warf mich auf das quietschende Bett und schlief volle zehn Stunden.

Am nächsten Morgen gab ich mit meinem elegantesten Anzug bekleidet an der Rezeption meiner Empörung lautstark Ausdruck. Der Mann starrte mich erstaunt an und versuchte mich, schon um Aufsehen zu vermeiden, zu beschwichtigen: »Entschuldigen Sie, aber wir wußten ja nicht, daß Sie sich extra so angezogen hatten, Sir. Nehmen Sie es uns nicht übel, gerade ist für Sie ein sehr schönes Zimmer frei geworden! Die Direktion lädt Sie ein, unser Gast zu sein.« Das waren zwar verlockende Aussichten, aber ich war zu zornig: »Die Rechnung bitte, aber möglichst schnell.« Beleidigt wie eine Primadonna zog ich von dannen. In gewisser Weise war diese Erfahrung, daß man nämlich nur nach dem Schein, nicht nach dem Sein bewertet wird, ein wenig bedrückend, oder, einfacher gesagt, Kleider machen eben doch Leute! Schnell fand ich ein neues, kleines und sehr angenehmes Hotel und meldete mich bei Oscar Straus. Wir verabredeten uns gleich für die erste Probe in seinem Hotel. Einige Tage später fuhr ich dann nach Washington DC.

Der große Abend nahte. Das Konzert begann zunächst nicht, weil der alte Oscar der jungen Sängerin an den Busen gegrabscht hatte. Sie geriet darüber so außer sich, daß sie nicht auftreten wollte. Das ganze Kabinett wartete, es war ungeheuer peinlich! Ich versuchte, die Situation schon im eigenen Interesse zu retten und redete auf sie ein. »Sie wissen doch, daß der Alte extrem kurzsichtig ist. Bestimmt hat er nur aus Versehen daneben gegriffen, als er nach seinem Taktstock langte ...« Über diese alberne Interpretation mußte sie dann doch lachen, und die Spannung löste sich. Das Konzert konnte beginnen und wurde ein riesiger Erfolg. Wir wurden dem gesamten Kabinett vorgestellt. »Sie sprechen doch fließend Deutsch?« fragte mich einer der Herren. »Wir könnten Ihnen eine Commission, ein Offizierspatent besorgen.« Dankend lehnte ich ab. Stattdessen ging ich zum damaligen Verteidigungsminister Simpson und fragte, was ich für den »wareffort« tun könnte. »Waren Sie schon mal beim OWI, dem Kriegsinformationsamt? Mit Ihren Deutschkenntnissen gäbe es im Rundfunk eine Menge für Sie zu tun. Melden Sie sich im New Yorker Büro und berufen Sie sich auf mich.«

Einen Tag blieb ich noch in Washington. Ich fuhr zum Pentagon und ließ mir von einem Pförtner die Adresse des OWI aufschreiben. In New York nahm ich mir wieder mein kleines Hotelzimmer, rief ein paar Bekannte und die Sharr Agentur an, um mich zurückzumelden, und fuhr dann direkt zum OWI. Ich sagte der Empfangsdame, daß ich den Leiter der deutschen Abteilung sprechen möchte, zeigte ihr den Zettel vom Pförtner in Washington, und erklärte ihr, daß er vom Verteidigungsminister persönlich geschrieben wäre: »Ich soll mich sofort hier melden.« »Die Herren haben gerade eine sehr wichtige Sitzung, aber ich werde versuchen, dem Direktor Bescheid zu geben,« piepste sie und eilte davon. Drei Minuten später näherte sich eiligen Schrittes ein Herr, begrüßte mich und fragte: »Sie kommen vom Verteidigungsminister?« »Ja, er trug mir auf, mich umgehend bei Ihnen zu melden!« Ich wollte meine Story erzählen, aber er unterbrach mich, entschuldigte sich freundlich: »Ich schicke gleich eine junge Dame zu Ihnen, mit der Sie alles besprechen können.«

Kurz darauf erschien ein hübsches Mädchen und hörte mir geduldig und interessiert zu. »Können Sie irgendwann eine Mikrofonprobe machen, egal zu welcher Zeit, wir sind 24 Stunden hier.« Ich bedankte mich und ging zurück in mein Hotel. Dort fand ich die Nachricht vor, sofort die Sharr Agentur anzurufen.

Mr. Sharr war, äußerst freundlich, persönlich am Telefon: »Ab übermorgen singen Sie zwei Wochen lang im Ambassador Hotel in der Park Avenue, meine Sekretärin schickt Ihnen den Vertrag. Morgen nachmittag um fünf Uhr ist die Probe, bringen Sie Ihre Noten mit, möglichst viele Wiener Walzer.« Die Gage war in Ordnung. Als Begleiter begrüßte mich ein netter, junger Wiener Pianist, und wir verständigten uns schnell und unproblematisch. Ich hatte gerade noch die Lust und den Elan zur Mikrofonprobe im OWI und wanderte den Broadway hinauf. Die junge Dame von gestern ging mit mir in ein Studio und gab mir ein Manuskript: »Suchen Sie sich irgendein Kapitel aus, und lesen Sie einige Zeilen daraus vor: Wenn das rote Licht aufleuchtet, fangen Sie an«, erklärte sie mir und ging in den Abhörraum. Ich hatte nur drei oder vier Zeilen gelesen, als sie über die Kommandoanlage sagte: »Danke, wir rufen Sie an!« Das kannte ich ja nun schon zur Genüge. »Vergiß es«, sagte ich mir, ging enttäuscht nach Hause und grübelte über meine augenblicklich nicht allzu rosige Zukunft nach.

In Hollywood hatte ich durch Direktor Merola von der San Francisco Opera eine ehemalige Primadonna der Metropolitan Oper kennengelernt, die mich irgendwo singen gehört hatte und meinte, ich sei der kommende Heldentenor. »Sie müssen unbedingt in der Metropolitan vorsingen, ich gebe Ihnen ein Empfehlungsschreiben an den Generaldirektor, er muß Sie hören!« So kramte ich also ihr Empfehlungsschreiben raus und dachte mir, warum soll ich es nicht versuchen, schließlich hatte ich ja nichts zu verlieren. Ich schickte den Brief also an die Direktion der Metropolitan und vergaß ihn. Ein paar Tage später wurde ich jedoch tatsächlich zum Vorsingen eingeladen. Ich war entsetzt. Natürlich hatte ich einige Opernarien studiert. Aber unglücklicherweise pries mich meine Gönnerin in ihrem Empfehlungsschreiben als den künftigen Heldentenor an! Von Wagner war jedenfalls nichts in meinem Repertoire. Ich kannte die »Gralserzählung« aus »Lohengrin«, aber richtig studiert hatte ich sie nie. Deshalb wollte ich das Vorsingen absagen, aber Lotte ließ nicht locker: »Du bist doch sonst nicht so feige. Du mußt unbedingt hingehen, vielleicht brauchen sie ja gerade einen lyrischen Tenor. Man kann doch nie wissen!«

Ich ging also hin. Der Bühnenpförtner zeigte mir freundlich den Weg zur Bühne. Ein junger Mann empfing mich und stellte sich als Begleiter vor. »Was möchten Sie singen?« »Die Gralserzählung.« »O.k. dafür brauche ich keine Noten«, erwiderte der junge Mann. Schlotternd vor Angst marschierte ich zaghaft und betont langsam, um noch ein wenig Zeit zu gewinnen, über die riesige Bühne an die Rampe. Im erleuchteten Zuschauerraum konnte ich vier ältere Herren ausmachen, die nicht sehr ermutigend auf mich wirkten. Ich erkannte den Generaldirektor der Met, die anderen drei waren mir unbekannt.. Einen Augenblick lang überlegte ich, ob ich vielleicht durch den Souffleurkasten entschwinden sollte (dort gab es übrigens einen), denn der nächste Notausgang war viel zu weit. Es erscholl die stereotype Frage: »How do you do?« auf die sowieso niemand eine Antwort erwartete. Gern hätte ich allerdings geantwortet »Beschissen!« Statt dessen verbeugte ich mich und kündigte die »Gralserzählung« an. Die Katastrophe nahm ihren Lauf. Der Pianist begann zu spielen, ich lauschte intensiv und verpaßte dabei meinen Einsatz. »Excuse me, my fault«, »Entschuldigung, mein Fehler.« Er begann ein zweites Mal, diesmal klappte es. Hilflos sang ich darauf los und hoffte, daß unten mein Zähneklappern nicht zu hören wäre. Wie es mir gelang, überhaupt einen Ton rauszubringen, weiß ich bis heute nicht. Nach ungefähr drei Minuten erlosch das Licht im Zuschauerraum, und etwas später hörte der Pianist auf zu spielen. Als das Licht wieder eingeschaltet war, hatte ich einen wunderbaren Blick in den leeren Zuschauerraum: alle hatten die Flucht ergriffen. Ich hörte das mefistofelische Gelächter des Pianisten, der gerade durch den Notausgang entwich. Niedergeschmettert verließ ich die Bühne und schlich am Bühnenpförtner vorbei zurück ins pulsierende Leben der Avenue. Ein Alptraum, der mich noch heute verfolgt. Dies war eigentlich das einzige Mal, daß ich total versagt hatte. Aber schon allein das Gefühl, auf der Bühne dieses ehrwürdigen Hauses zu stehen, hatte mich meiner Sinne und vor allem meiner Stimme beraubt.

Am nächsten Morgen um acht Uhr läutete das Telefon: »Hier ist das OWI, der Kriegsinformationsdienst. Wenn Sie Lust haben, können Sie am Montag bei uns anfangen. Bitte kommen Sie in unser Büro zur Vertragsunterzeichnung. Es bedarf noch einiger Formalitäten, vor allem muß das FBI Sie noch ein wenig unter die Lupe nehmen. Aber da gibt es ja sicher keine Probleme. Wenn Sie für uns arbeiten, sind Sie natürlich vom Militärdienst freigestellt!« Siedendheiß fiel es mir ein: ich hatte ja völlig vergessen, mich zu melden. Aber glücklicherweise erledigte sich dieses Problem nun ja von selbst! Am nächsten Tag unterschrieb ich den Vertrag. Ich bat darum, mich in den nächsten zwei Wochen nicht zwischen 21 und 24 Uhr einzusetzen, da ich ja im Ambassador singen mußte. Verständnisvoll willigten sie ein. Die Akzeptanz beim Publikum des Hotels war sehr gut, aber das interessierte mich jetzt nicht mehr so sehr, ich war in Gedanken schon ganz bei meinem neuen Job. Lotte konnte es nicht fassen: »Zweimal im Monat einen Scheck, daran muß ich mich erst gewöhnen!«

Die Arbeit im OWI war äußerst interessant. Ich hatte auch sehr nette Kollegen im »German department«, in der deutschen Abteilung. Die meisten waren natürlich Schauspieler und Sänger, teilweise waren sie schon echte Radioprofis geworden. Viele kamen wie ich als Refugees aus Deutschland. Zuerst fungierte ich als Nachrichtensprecher, alle fünfzehn Minuten war ich auf Sendung. Bald wirkte ich auch in Hörspielproduktionen mit und machte erste Interviews mit berühmten Zeitgenossen. Die Interviews mußte ich mit einem tragbaren Aufnahmegerät machen und sie hinterher gleich sendefertig schneiden. Am Anfang war alles etwas schwierig für mich, da ich technisch völlig unbegabt bin. Ich hatte zum Beispiel ein Interview mit dem berühmten Dirigenten Paul Whiteman zu machen. Er hatte bekanntlich gegen Ende der zwanziger Jahre im Berliner Ufa Palast die berühmte »Rhapsody in Blue« von George Gershwin mit einem 100 Mann Orchester in Deutschland uraufgeführt. Whiteman, der in einem Vorort New Yorks wohnte, gab mir ein außerordentlich interessantes Interview. Begeistert fuhr ich mit meinem Aufnahmegerät gleich zurück in mein Büro. »Ihr müßt Euch das anhören,« forderte ich meine Kollegen auf und drückte die Wiedergabetaste der Bandmaschine. Stille, Bandrauschen und sonst gar nichts! Die »lieben« Kollegen gratulierten mit lautem Gelächter und voller Häme zum »gesammelten Schweigen«. Doch allmählich lernte ich, mit den Tücken der Technik fertig zu werden. Übrigens gab mir Whiteman ein zweites, fast ebenso gutes Interview. Es klappte alles, nur hatte mir das erste eben besser gefallen.

Im Ambassador Hotel wollte man meinen Vertrag verlängern, aber das ging nun wirklich nicht. Ich arbeitete im OWI regelmäßig im Schichtdienst, oft von Mitternacht bis vormittags zehn Uhr. Aber schließlich war es ja Kriegsdienst und wie gesagt, ungemein interessant. Fast alle Nationalitäten waren in dieser Institution vertreten. Viele Schauspieler, die später Weltruhm errangen, arbeiteten dort:

Telly Savalas, bei uns bekannt als »Kojak«, in der Griechischen Abteilung, oder auch Yul Brynner. Wollte man sich nachts mal eine halbe Stunde aufs Ohr legen, konnte es schon passieren, daß man neben einer bildhübschen Chinesin aufwachte. Übrigens war Golo Mann für kurze Zeit der Chef des »German Departments«, aber ich glaube, der Job hat ihm keinen Spaß gemacht.

Nachdem ich einige Monate dort gearbeitet hatte, erhielt ich einen offiziellen Brief: Ich sollte mich am 25. Juni 1942 in Los Angeles einfinden, um als amerikanischer Staatsbürger eingeschworen zu werden. Endlich war ich von der Sorge befreit, daß noch im letzten Augenblick irgend etwas schief gehen könnte. Selbstverständlich bekam ich einige Tage Urlaub, und guter Dinge flogen wir ins geliebte Kalifornien. Gleichzeitig mit uns wurden auch einige berühmte Filmstars US-Bürger, wie zum Beispiel Olivia de Havilland, die irgendwo in Asien geboren war. Wir feierten diesen unvergeßlichen Tag und konnten Tränen der Dankbarkeit kaum unterdrücken. Ich beschloß, vor der Rückreise nach New York, noch einmal unser Traumstädtchen »29 Palmen« zu besuchen und erkannte es nicht wieder. Fassungslos starrte ich auf mein verschwundenes heimliches Paradies: Inmitten der unbeschreiblich schönen Landschaft hatte sich eine enorme Kriegsindustrie aufgetan. Das ganze Städtchen wimmelte von Militär. Die romantische, märchenhafte Aura war zerstoben. Einzig die reine, klare Luft und der sternenklare Himmel waren mir geblieben. Heute hat dieses Städtchen wieder seine frühere, unvergleichliche Schönheit, und es ist ein Anziehungspunkt für viele Besucher.

Übrigens »29 Palmen« wurde um 1880 von den Weißen entdeckt. Dort lebten ursprünglich die Chemehuevi-Indianer, ein Nomadenstamm. Sie teilten sich zunächst das Gebiet mit den Weißen. Als Colonel Washington 1885 mit einer Brigade dorthin kam, zählte er 29 außergewöhnlich schöne Palmen, die dem Ort seinen Namen gaben. Die Eingeborenen ließen viele Kunstgegenstände und »Petroglyphen«, Felsenzeichnungen, zurück, die von Archäologen, Wissenschaftlern und Erziehern erforscht wurden.

Etwas bedrückt kehrten wir nach Los Angeles zurück und flogen von dort heim nach New York. In den folgenden Wochen arbeitete ich sehr hart, meistens nachts. Es war aufregend, mein Engagement kannte keine Grenzen, die Arbeit gefiel mir. Seit vielen Jahren war dies das erste Mal, daß wir ohne Angst vor dem Morgen aufwachten. Das erzeugte ein Gefühl von bisher nicht gekannter Freiheit, es war unfaßbar. Nun hätte ich auch wieder Gesangstunden nehmen wollen, denn endlich hatte ich das Geld dafür. Aber leider erlaubte es mein Tagesablauf nicht: am Tage mußte ich ja schlafen und die lebensnotwendigen Dinge erledigen.

Jetzt hat die Invasion angefangen ... und *Frau Kahn ist nicht da.*
»Warum habe ich Sie nicht in Berlin kennengelernt«,
sagt Max Reinhardt

Eines Morgens rief mich Robert Stolz an. In seiner gewohnten Überschwenglichkeit wienerte er los: »Geliebter Johnny, ich habe Dich gerade für eine ganz wichtige Sache empfohlen, gleich wird Dich jemand anrufen.« Damit hängte er auch schon wieder ein, und im gleichen Moment klingelte erneut das Telefon. Ein Mann meldete sich: »Mr. Hendrik, Robert Stolz sagte mir, Sie seien der einzige, der für uns in Frage käme. Sollte es Ihre Zeit erlauben, wäre es nett, wenn Sie bitte gleich in mein Büro kommen würden.« Er gab mir die Adresse, ich wälzte mich aus dem Bett, zog mich schnell an und fuhr natürlich sofort los. Man führte mich gleich ins Büro zu einem athletisch aussehenden Mann mit »Pokerface«, der mich allerdings so freundlich, wie es seine Miene erlaubte, begrüßte. »Wir wollen amerikanische, populäre Songs mit deutschen Texten als Propaganda gegen die Nazis produzieren. Sie und Marlene Dietrich sollen die Songs singen.« Ich machte ihn auf meine vertragliche Bindung ans OWI aufmerksam, aber er hatte bereits alles geregelt. Ich sollte dafür freigestellt werden. »Bitte, keine weiteren Fragen, das ist alles topsecret! Die ersten Noten mit den neuen Texten schicken wir Ihnen per Boten zu.« Im Laufe der Zeit nahm ich dann sehr viele solcher Songs auf und hatte außerdem noch eine äußerst lukrative Nebeneinnahme.

Als ich eines Morgens wieder einmal total übermüdet nach Hause kam, fand ich die Nachricht vor, mich umgehend bei der »New Opera Company« zu melden. Diese hatte in den letzten Jahren große Erfolge gehabt, und ich konnte mir eigentlich nicht vorstellen, was sie von mir wollte! Ich vereinbarte also einen Termin. Der Direktor empfing mich mit ausgesuchter Höflichkeit: »Könnten Sie sich vorstellen, in unserer nächsten Broadway-Produktion ›Die Fledermaus‹ die männliche Hauptrolle, also den Eisenstein, zu übernehmen? Die Regie führt Professor Max Reinhardt.« Natürlich war ich fassungslos. Mein Herz schlug deutlich schneller vor Begeisterung. Äußerlich mußte ich ja cool bleiben, und so erklärte ich, daß ich für das OWI arbeitete. »Das werden wir schon regeln. Wir werden uns mit Ihrer Direktion in Verbindung setzen, wenn Sie mit allem einverstanden sind und Professor Reinhardt sie akzeptiert! Seien Sie also bitte morgen um vierzehn Uhr zu einer Bühnenprobe im Fourtyfourth-Street - Theatre!« Ich verabschiedete mich wie in Trance. Sicherlich hatte ich vor Aufregung Fieber.

Natürlich war ich viel zu früh im Theater. Pünktlich erschien jedoch der Regieassistent Reinhardts, gab mir das Buch und ging mit mir den Anfang der Operette durch. Nach ungefähr zwanzig Minuten erschien Max Reinhardt persönlich auf der Bühne und begrüßte mich sehr freundlich. Er probierte mit mir alles, spielte vor, gab Anregungen, äußerte Zustimmung oder verbesserte die eine oder andere Geste. Es war so, als ob wir schon immer zusammengearbeitet hätten. Irgendwann, so nach einer Stunde, unterbrach Reinhardt die Arbeit und sagte: »Warum habe ich Sie nicht schon in Berlin kennengelernt? Sie scheinen mir schauspielerisch sehr begabt zu sein. Singen habe ich Sie ja noch nicht gehört, aber der Direktor hat von Ihrer Stimme richtig geschwärmt!« Das ging mir natürlich runter wie Öl.

Die Rolle des Eisenstein hatte ich sehr schnell einstudiert, und die Produktion wurde eine der erfolgreichsten Aufführungen der Saison am Broadway. Der Komponist Erich Wolfgang Korngold, der die Musik arrangiert hatte, dirigierte auch einige Vorstellungen. Über ein Jahr war das Stück in New York täglich auf dem Spielplan. Das OWI hatte mir großzügig die Erlaubnis für dieses Engagement erteilt und nahm bei der Planung des Dienstplans Rücksicht auf meine allabendliche »Unabkömmlichkeit«. Mit zwei so gegensätzlichen Jobs war das natürlich eine ungewöhnlich anstrengende Zeit. Aber der Erfolg auf der Bühne einerseits und die so wichtige Arbeit im OWI andererseits haben mich beflügelt und mein Durchhaltevermögen ungemein gestärkt.

Inzwischen schrieben wir 1944 und in den USA wurden erste Pläne für die Nachkriegsgestaltung Deutschlands erarbeitet. Die Invasion der Alliierten Streitkräfte in Europa stand unmittelbar bevor, als mich eines Tages mein Chef in sein Büro rief, in dem einige Zivilisten und Offiziere versammelt waren. Er kam sofort zur

Sache: »Wären Sie daran interessiert, nach der Invasion in Berlin eine Radiostation mit aufzubauen? Mit Ihren Rundfunkerfahrungen und Ihrer deutschen Muttersprache scheinen Sie besonders geeignet für diese komplizierte Aufgabe. Überlegen Sie es sich gut, denn dann müßten Sie hier sofort aufhören und eine entsprechende Schulung beginnen!« Ich war nicht begeistert, ganz im Gegenteil, ich war entsetzt! Ich wäre überallhin gegangen, nur nach Deutschland wollte ich nie wieder! Ich bedankte mich also reserviert und antwortete vorsichtig: »Ich glaube, dafür bin ich nicht der Richtige. Sicherlich wäre ich nicht objektiv genug, um vorurteilsfrei an diese Aufgabe herangehen zu können. Außerdem kann ich mir nicht vorstellen, jemals wieder in Deutschland zu leben, auch wenn es sich nur um einen begrenzten Zeitraum von einigen Jahren handeln würde! Ich bin damit zur Zeit emotional überfordert!« Fair, mit Respekt und ohne Kommentar nahmen sie meine Entscheidung zur Kenntnis. Ich kehrte in mein Studio zurück und glaubte, das Richtige getan zu haben. Außerdem hatte ich ja nun einen fabelhaften Einstieg in das langersehnte Showbusiness am Broadway gehabt.

Nachdem die »Fledermaus« abgespielt war, bot mir eine andere Produktionsgesellschaft die Rolle des Alfred in der »Fledermaus« an. Spielstätte sollte ein riesiges Baseballstadion in St. Louis sein. Es paßte gut, da eine Laufzeit von zwei Wochen vorgesehen war, die in meine Urlaubszeit fiel. Mit Begeisterung nahm ich an, und wir hatten auch dort einen enormen Erfolg. Danach stürzte ich mich wieder mit Eifer in meine Tätigkeit beim OWI. Gelegentlich sang ich live Konzerte im WOR, der drittgrößten Radiostation der USA.

Als in der Nacht des 6. Juni die Invasion in Europa begann, hatte ich Dienst im OWI. Wir waren alle wahnsinnig aufgeregt, und es war eine Dauerleitung zum Stab General Eisenhowers geschaltet. In unserem Büro war nur ein einziger Redakteur für den Nachtdienst eingeteilt, und der mußte die Nachricht natürlich schnellstens formulieren, damit ich sie Richtung Deutschland in den Äther schicken konnte. Die einzige Sekretärin war jedoch nicht auffindbar. So lief der arme Mann auf der Suche nach ihr durch die Flure, unentwegt vor sich hin jammernd: »Jetzt hat die Invasion angefangen und Frau Kahn ist nicht da!« Glücklicherweise tauchte sie endlich auf. Mürrisch wegen der Unterbrechung und der plötzlichen Hektik und murmelte sie: »Hätten die nicht warten können, bis ich fertig bin ...« In meiner Aufregung verlas ich dann die Nachricht mit gewaltiger Stentorstimme. Der Toningenieur hielt einen Zettel an die Trennscheibe mit der Aufschrift: »Das Mikrofon platzt gleich - take it easy!«

Wir schrieben das jahr 1945, der Krieg war zu Ende gegangen, aber unsere Arbeit ging natürlich weiter. Anfang 1946 sollte ich zusätzlich monatlich eine Musiksendung produzieren. Begleitet von einer Band sollte ich amerikanische Songs mit deutschem Text singen. Darüber war ich natürlich begeistert. Die deutschen Texte schrieb Freddy Jacobson aus Wien. Er hatte dort Jura studiert, bevor er nach Amerika emigrieren mußte. Er wurde Leiter der deutschen Abteilung im OWI und kam viele Jahre später als sogenannter »Kultur Offizier« nach Berlin in den Sender RIAS. In den USA hatte er bereits Schlagertexte für Perry Como und viele andere geschrieben. In den sechziger und siebziger Jahren wurde er als Fred Jay einer der bekanntesten deutschen Schlagertexter.

Aber zurück zu meinen Aufnahmen mit dem Titel »Fünfzehn Minuten mit John Hendrik«. Ich sang die Schlager und schrieb und sprach die verbindenden Texte. Die fertigen Tonbänder wurden nach Berlin geschickt und dort gesendet. Allerdings glaubte ich, nie mehr etwas von ihnen zu hören. Doch nach ein paar Wochen erhielten wir plötzlich über 5000 begeisterte Briefe aus Deutschland.

Das OWI war umgetauft worden und hieß nun »The Voice of America« - Die Stimme Amerikas. Ich machte Interviews mit Prominenten, wie beispielsweise mit Jeanette Mc Donald, die ich in New York bei einem Einkaufsbummel traf, und die sich noch von Hollywood her an mich erinnerte. Oder Ginger Rogers, die mich in ihre elegante Suite ins Waldorf Astoria Hotel einlud, wo sie mit ihrer Mutter wohnte, wenn sie nicht gerade mit Fred Astaire in Hollywood filmte. Mit dem mächtigen Mr. Sarnoff, dem Präsidenten von NBC, einem früheren General, unterhielt ich mich ebenfalls lange. Er bot mir an, mich als Berichterstatter nach Deutschland zu schicken, aber daran war ich nicht interessiert.

Ein Ring von Richard Tauber

Vier Flügel in der Carnegie Hall und Abschied von einem großen Tenor

Im Jahre 1946 las ich eines Morgens in der Zeitung, daß Richard Tauber nach New York kommen würde, um Lehárs Operette »Das Land des Lächelns« am Broadway aufzuführen, der englische Titel war »Yours is my heart«. Ich freute mich sehr auf ein Wiedersehen mit ihm. Einige Tage später klingelte mein Telefon. Arthur Spitz war am Apparat. Er hatte seinerzeit in Hollywood die Operettenvorstellungen gemanagt. »John, endlich finde ich Dich. Ich war schon ganz verzweifelt. Ich habe Tauber hierher geholt, aber er ist augenblicklich krank. Du mußt sicherheitshalber die Partie des Prinzen Sou - Chong sofort in Englisch lernen, man kann ja nicht wissen.« Er gab mir seine Adresse und bat mich, das Buch so schnell wie möglich abzuholen und für alle Fälle einen Vorvertrag zu unterschreiben. Ich glaubte natürlich nicht im Traum daran, je die Rolle am Broadway singen zu dürfen. Außerdem würde das Publikum in erster Linie wegen des Weltstars Tauber ins Theater gehen. Trotzdem schadete es auf keinen Fall, diese Rolle in Englisch einzustudieren. Halb im Spaß sagte ich zu Spitz, daß er mir im Ernstfalle die gleiche Gage zahlen müßte, wie dem Richard. Spitz stöhnte, willigte aber ein. Wir ahnten beide nicht, daß Tauber wirklich ernsthaft erkrankt war. Fünf Tage später begannen die Proben, und ich fand Tauber eigentlich unverändert. Seine Stimme schien mir so strahlend schön wie immer. »Schnapperle,« so nannte er seine Freunde, »ich freue mich, daß Du hier bist, mit Dir kann ich wenigstens reden, wie mir der Schnabel gewachsen ist«.

Ein mir unbekannter Veranstalter meldete sich und erzählte mir, daß er in zehn Tagen in der Carnegie Hall ein Galakonzert mit europäischer Operettenmusik geben wollte. Viele Film- und Theaterstars hätten bereits zugesagt, und ich sollte mit vier berühmten Komponisten an vier Flügeln einige Lieder singen. »Ich habe aber kaum Zeit, da ich ja immer bei den Tauberproben dabei sein muß, soweit es meine Tätigkeit bei der Voice of America zuläßt«, meinte ich hinhaltend. »Die vier Komponisten,« sagte der Unbekannte am

Telefon, »sind Oscar Straus (Walzertraum), Robert Stolz, Emmerich Kálmán und Paul Abraham.« »Wollen Sie mich auf den Arm nehmen? Wer sind Sie denn eigentlich?« Er nannte seinen Namen. Er war einer der bekanntesten Agenten. Dann versuchte er, mich zu überreden: »Die Lieder kennen Sie doch bestimmt zum größten Teil, also brauchen Sie kaum zu probieren. Kommen Sie doch Sonntag Nachmittag zur Probe. Bringen Sie ein gutes Foto von sich mit, dann besprechen wir alles - bis dann!«

Wie sagt man in Amerika: »When it rains, it pours«, wenn es regnet, dann gießt es gleich! Es stimmte tatsächlich. In der Carnegie Hall begrüßten mich die vier Meister. Alle waren mit mir sehr einverstanden. Mein Foto gab ich dem Inspizienten. Als ich vier Tage später auf der 6th. Avenue am Eingang der berühmten Konzerthalle vorbeikam,

Notenblatt mit persönlicher Widmung von Kálmán

prangte dort in einem Schaukasten ein ungefähr sechs Meter hohes Bild von mir. Fortan benutzte ich jede freie Minute, um daran vorbeizugehen. Traf ich einen Bekannten, versuchte ich es so einzurichten, daß unser Weg »zufällig« an der Carnegie Hall vorbei führte. Dabei sagte ich dann jedes Mal: »Ach, das hab ich ja noch gar nicht gesehen, schauen Sie mal, ein Bild von mir!« Das Konzert wurde ein riesiger Erfolg. Viele von den Nazis Vertriebene sah ich weinen wie die Kinder, auch mir kamen die Tränen!

Ungefähr fünf Tage später rief mich ein furchtbar aufgeregter Arthur Spitz an. »Johnny, mein Liebster, ein Glück, daß Du da bist. Tauber ist immer noch krank, er kann nicht singen. Aber, halt Dich fest, er wird dirigieren! Du mußt übermorgen abend singen. Morgen früh ist Probe.« Wieder einmal mußte ich die »Voice« bitten, meinen Dienstplan entsprechend zu ändern. Ich war fast sicher, daß sie mich bald rausschmeißen würden. Aber, wie ich immer wieder erleben konnte, sind die Amerikaner meistens verständnisvoll, hilfsbereit und unkompliziert, und so gaben sie mir »grünes Licht«. Der Abend meines ersten Auftretens kam, und ich konnte mich vor Nervosität kaum beherrschen. Im Gegensatz zu Europa gibt es in den Staaten bis heute noch keine Souffleure. Man ist auf sich selbst angewiesen oder verloren, wenn der Abendregisseur nicht von irgendwoher hinter der Bühne hilft. Durch das berühmte Loch im Vorhang spähte ich in den Zuschauerraum, und zu meinem Schrecken erkannte ich lauter berühmte Sänger der Metropolitan Oper, allen voran Jussi Björling.

Endlich hob Tauber den Taktstock, und die ersten Töne der Ouvertüre erklangen. Mein erster Auftritt kam schnell. Heute weiß ich nicht mehr, wie ich es fertig brachte, zu singen. Der erste Akt war vorbei, der Vorhang fiel, und intensiver Beifall brauste auf, vermischt mit Bravorufen. Dann folgte der zweite Akt mit dem berühmten Lied »Dein ist mein ganzes Herz«, drei Mal mußte ich es wiederholen: In der deutschen, der französischen und der britischen Version, die anders getextet war als die amerikanische Fassung. Zum Glück hatte mir der Abendregisseur noch schnell die Texte zugesteckt, die Tauber überall sang, wo er auftrat. Ich hatte niemals daran geglaubt, daß ich so erfolgreich sein könnte wie er. Nach dem Ende der Vorstellung küßten mich hinter der Bühne so viele Gratulanten, daß mir beinahe übel wurde. Ich war von Tauber am Pult derart mitgerissen worden, daß ich wohl besonders schön gesungen hatte. Der Grund dafür war vielleicht auch der Talisman, den mir Tauber vor der Vorstellung in die Garderobe gebracht. Er hatte einen ganz einfachen Bühnenring mit grünem Stein aus der Tasche seines Fracks gezogen und gesagt: »Hier, nimm den Ring, der hat mir im ›Land des Lächelns‹ immer viel Glück gebracht! Behalte ihn. Und toi-toi-toi!« Dann schluchzte er auf und bekam einen Weinkrampf. Schnell versuchte er sich wieder zu fassen, entschuldigte sich und verließ meine Garderobe. Vielleicht ahnte er, daß er wenig später schwer erkranken würde. Er gab 1947 noch einmal ein Konzert in der Carnegie Hall, und das Publikum wollte ihn vor Begeisterung einfach nicht vom Podium gehen lassen. Zum Abschied versicherte er: »Heute in einem Jahr werde ich wieder hier stehen und für Sie singen.« Die New York Times schrieb am nächsten Tag: »Diese Stimme muß ein Engel geküßt haben.«

Der gleiche Tag, genau ein Jahr später, sollte sein Todestag sein. Nach seiner Rückkehr nach London sang Tauber in der Königlichen Oper »Covent Garden« den Don Ottavio in »Don Giovanni«. Man sagt noch heute, so wunderbar hätte er noch nie zuvor gesungen. Das Publikum sprang von den Sitzen und überschüttete ihn mit nicht endenwollendem Beifall. Es war der Tag vor seiner Lungenkrebsoperation.

Übrigens, den Ring von Tauber mit dem grünem Stein habe ich mit meinen wenigen Erinnerungsstücken genau 50 Jahre gehütet. Dann habe ich den Talismann im April 1996 meinem Freund René Kollo zu seiner Premiere von »Land des Lächelns« im Berliner Metropol-Theater geschenkt. Ich glaube, daß ich in Taubers Sinn gehandelt habe. René ist ein würdiger Träger dieses Ringes.

Doch gehen wir wieder zurück nach New York ins Jahr 1946. Nach all den aufregenden Veranstaltungen ging ich in die Carnegie Hall und veranlaßte, daß man mir mein übergroßes Porträt in unser Sommerhaus, außerhalb New Yorks, schickte. Ich hatte es gemietet, um mich endlich mal eine Zeitlang auszuruhen. Ich mußte noch oft an das Konzert mit europäischer Operettenmusik zurückdenken. Die vier berühmten Komponisten, die mich begleitet hatten, stritten

Im Metropoltheater April 1996 nach der Premiere von »Land des Lächelns«: John Hendrik schenkt René Kollo auf der Bühne beim Schlußapplaus den Tauberring

sich auf den Proben unentwegt. Jeder verließ mindestens einmal beleidigt den Saal. Tolle Pianisten waren sie jedenfalls nicht. Aber mißtrauisch. Zwei von ihnen wohnten zufällig im gleichen Mietshaus in nebeneinander liegenden Wohnungen, also Wand an Wand. Der eine ließ sich vorsichtshalber in seiner Wohnung eine zusätzliche schallschluckende Mauer an der Wand zu seinem Nachbarn setzen, damit der andere auf keinen Fall seine »Melodien« hören und möglicherweise klauen könnte!

Und da war Paul Abraham, der in Amerika leider gar nichts erreichen konnte. Wenn ich ihn gelegentlich traf, schnorrte er mich grundsätzlich um eine Zigarette an. Dieser Komponist konnte so große Erfolge wie »Blume von Hawaii«, »Ball im Savoy« oder »Victoria und ihr Husar« aufweisen, und er hatte in Berlin hervorragende Filmmusiken geschrieben. Als wir ihn einmal in New York auf der Straße trafen, sagte er aufgeregt: »Ihr müßt mit zu mir kommen und Euch die wunderbaren Blumen, die mir die Shuberts geschickt haben, ansehen.« Die Shuberts waren damals die bedeutendsten Broadway Produzenten, und ihnen gehörten viele Theater rund um den »Times Square«. Wir begleiteten Abraham etwas zögernd in seine entsetzlich armselige Wohnung. Von Blumen war nichts zu sehen. Aufgeregt zeigte er unters Bett: »Seht Euch die herrlichen Rosen an. Die haben mir Shuberts geschickt.« Völlig befremdet schauten wir vorsichtig unters Bett, aber da war nichts außer einer dicken Schicht Staub! Wir waren zwar etwas irritiert, lachten damals aber noch darüber, denn wir konnten nicht ahnen, daß er psychisch krank und verwirrt war. Er erholte sich nie wieder. Das ist eine unendlich tragische Geschichte. Freunde holten ihn 1956 nach Hamburg, wo er 1960 geistig völlig umnachtet in einer Heilanstalt starb.

Eine Außenwand unseres Sommerhauses zierte nun das riesige Plakat mit meinem Konterfei aus der Carnegie Hall. Ich hatte es noch nicht bewundern können und eilte voller Freude darauf zu. Aber der Anblick aus der Nähe versetzte mir einen Schock. Nachbarskinder hatte es als Zielscheibe für ihre Wurfpfeile annektiert. Sie waren gerade wieder dabei, pausenlos auf mein Gesicht zu werfen. Meine Nase war schon futsch, und statt meiner Augen sah ich nur zwei große Löcher, aus denen mich die darunter liegende weiße Farbe unheimlich anzuglotzen schien. Nach anfänglicher Wut fand ich das Ganze schließlich so komisch, daß ich herzlich lachte. Ich ließ mir von den Kindern Pfeile geben und machte mit. Etwas traurig war ich aber doch: Da mir auf meiner Odyssee durch die USA in einem Hotel der Koffer mit meinen sämtlichen Kritiken, Bühnenfotos und unersetzliche Tonaufnahmen gestohlen worden war, ging mit dem Plakat auch das letzte gedruckte Zeugnis meiner Karriere dahin.

Eines Nachts um drei Uhr läutete das Telefon. Schlaftrunken nahm ich den Hörer ab. »Hier ist Marek Weber, entschuldige die nächtliche Störung ...« Marek Weber war bis 1933 der bedeutendste

Tanzmusikkapellmeister in Deutschland. Jahrelang hatte er im Hotel Adlon gespielt und hatte Hunderte von Electrola Platten herausgebracht. Zu Beginn meines Studiums nahm ich eine Anzahl populärer Schlager mit seinem Orchester auf; und dabei waren wir gute Freunde geworden. In New York hatte ich ihn einige Male zufällig auf der Straße getroffen. Auch er hatte aus Deutschland fliehen müssen, es war ihm aber gelungen, sein gesamtes Vermögen ins Ausland zu transferieren. In England bekam er keine Arbeitserlaubnis, ging deshalb in die USA und machte noch eine gute Karriere in einem der großen Hotels von Chicago. Er war ein hervorragender Geiger und hätte sicherlich auch im klassischen Bereich seinen Weg gemacht. In diesem Augenblick war ich aber sehr sauer auf ihn, weil er mir meine Nachtruhe raubte und fragte unwirsch, was er denn so dringend wollte. »Ich kann nicht schlafen. Ich mußte gerade an unsere letzte Produktion in Berlin mit dem Titel ›Ich hab kein Heimatland‹ denken. Wer von uns ahnte damals Anfang 1933, wie schnell das Lied für uns Realität werden sollte! Und wir haben das noch als Foxtrott aufgenommen ...«

Die große Morris-Agentur bot mir schließlich an, für eine erstklassige Londoner Produktion die männliche Hauptrolle in der Operette »Madame Dubarry« zu singen. Meine Partnerin sollte die bekannte Hollywood Filmschauspielerin Irene Manning sein. Natürlich war ich von der Idee begeistert, wieder in London singen zu können. Im Augenblick war in New York sowieso nichts zu erwarten, die neuen Musicals waren typisch amerikanisch, in denen mein »kontinentaler Typus« nicht gefragt war. Ich nahm also unbezahlten Urlaub von der Stimme Amerikas und flog voller Erwartungen nach England. Dort lernte ich zunächst meine zukünftige Partnerin, Irene Manning, kennen. Sie war zwar eine äußerst attraktive Frau, aber mir von Anfang an unsympathisch. Sie machte auf mich einen »männermordenden« Eindruck, und so hielt ich mich möglichst fern von ihr. Die zweite männliche Hauptrolle spielte der Produzent, ein bekannter englischer Schauspieler, selbst. Der Regisseur, ein Wiener, flüsterte mir nach der dritten Probe zu: »Der Boss ist schlecht!« Auf Einladung der Festspielleitung fand die Premiere in Edinburgh statt. Doch wider Erwarten wurde es ein rauschender Erfolg. Die Kritiken überschlugen sich, die größte Zeitung am Ort schrieb über mich: »Warum hören wir einen solchen Sänger nicht in Covent Garden?«

Nun auf nach London! Wir hatten dort noch einmal ein paar Proben. Die BBC gab mir sofort drei Sendetermine. Ich schien wieder mal eine Erfolgssträhne zu haben. Als ich am Premierenabend ins Theater kam, erwartete mich die Nachricht, daß Richard Tauber gerade an Lungenkrebs operiert worden sei. Es war der Tag nach seinem bereits erwähnten sensationellen Erfolg als Don Ottavio in Mozarts »Don Giovanni« in der Königlichen Oper Covent Garden. Es bestand wenig Hoffnung, daß er durchkommen würde. Die Ärzte standen vor einem Rätsel: Wie hatte Tauber einen Abend zuvor noch singen können?

Die Nachricht schmetterte mich völlig nieder. Ich fühlte mich plötzlich krank, hatte überall Schmerzen und meinte sogar, die Premiere absagen zu müssen. Eine schlimme Hysterie hatte mich befallen und brachte mich im wahrsten Sinne des Wortes um die Sinne und vor allem auch um die Stimme. Nach einem schrecklichen Hustenanfall ging ich wie in Trance hinaus auf die Bühne und sang mein Auftrittslied. Irgendwie ging auch diese Vorstellung vorüber. Das böse Erwachen folgte am nächsten Tag: Die Kritiker zerrissen erbarmungslos die Aufführung. Über mich stand zu lesen: »Der schwedische Tenor hat zwar eine ganz hübsche Stimme, aber das war auch alles!«

Die Folge war, daß die Produktion eine Woche später aus dem Spielplan genommen wurde. Deprimiert machte ich Tauber einen Krankenbesuch in seiner Wohnung in der Edgeware Road. Sein Anblick erschütterte mich. Er lag im Bett, umgeben von Klavierauszügen. »Ich muß mir eine ganz neue Gesangstechnik suchen,« erklärte er und rang nach jedem zweiten Wort nach Luft, »denn ich gehe in drei Wochen auf Tournee nach Australien und Neuseeland und dann nach Südamerika.« Er war vom Tode gezeichnet. Es zerriß mir das Herz, und ich hatte Mühe, meine Fassung zu bewahren. Aber ich mußte seinen Optimismus bestärken, obwohl ich erkannte, daß er nicht mehr lange zu leben hatte. Nur einige Monate später, am 8. Januar 1948, starb Richard Tauber.

Während ich mich in dieser desolaten Verfassung befand, meldete sich auch ein alter Bekannter zurück: Der Immigration Officer teilte mir kühl und knapp mit, daß ich augenblicklich keine weitere Arbeitserlaubnis mehr bekommen könnte! Aus der Traum, auch für Auftritte bei der BBC. Wir mußten also zurück nach New York! An Taubers Beerdigung konnte ich noch teilnehmen. An seinem Sarg verweilten »zwei Witwen«: Seine Ehefrau, die englische Schauspielerin Diana Napier, und Taubers Sekretärin Alexa, die sich rührend um ihn gekümmert und die ihn abgöttisch geliebt hatte. Diana war immer ihre eigenen Wege gegangen und hatte nicht sehr viel Anteil am Schicksal ihres berühmten Mannes genommen.

Nach der Beerdigung sagte Alexa zu mir: »Komm, John, wir machen jetzt unsere eigene Trauerfeier für Richard und spielen seine Platten. Nie wieder wird ein Sänger so schön singen!« Diana war eine attraktive Frau mit viel Sinn für Humor. Ob sie schauspielerisch begabt war, konnte ich nicht beurteilen, jedenfalls hatte sie nie eine große Karriere gemacht, obwohl ihr berühmter Mann alles versucht hatte, sie zu protegieren. Als ich sie einmal im Spaß anflachste: »Man hat mir erzählt, daß Du mit dem ganzen polnischen Regiment ein Verhältnis gehabt hast!« erwiderte sie lachend: »Es waren nicht alle, nur einige!« (Bekanntlich waren viele Polen nach England geflüchtet, um gegen das Hitler-Deutschland zu kämpfen).

Wiedersehen mit Deutschland
1950 Im Auftrag des US-Außenministeriums auf Konzerttournee durch die Amerikahäuser

Zurück in New York arbeitete ich sofort wieder für die »Stimme Amerikas« und bald darauf meldete sich auch die William Morris Agentur bei mir: Für NBC sollte ich zwei Songs in der ersten Unterhaltungssendung »Von Turm zu Turm« singen, die nach Deutschland live ausgestrahlt werden würde. Eine junge, sehr erfolgreiche Sängerin aus Deutschland sollte auch dabei sein, Caterina Valente. Natürlich willigte ich ein. Die Sendung aus dem berühmten »Rainbow room« im Rockefeller Center lief sehr gut, aber ich habe nie eine Reaktion aus Deutschland gehört.

Zufällig lernte ich einen Kulturattaché kennen, der in Bad Godesberg stationiert war und in New York seinen Heimaturlaub verbrachte. Wir kamen ins Gespräch, und er hatte eine Idee: »Wie wär's, wenn Sie für uns eine Tournee durch die Amerika-Häuser in Deutschland machen würden? Sie könnten dort Konzerte geben, die berühmten amerikanischen Songs singen und ein wenig über die Komponisten und den Background erzählen. Sie könnten als Botschafter amerikanischer Musik nach Deutschland gehen. Wir sind eine Abteilung des State Department.« Die Konditionen waren verlockend: Freie Bahnfahrt überall in Deutschland, Aufenthalt in den bestmöglichen Hotels, Dienstwagen mit Chauffeur vom State Department in den jeweiligen Städten und eine gute Gage obendrein!

Verführerisch fuhr er fort: »Sie könnten sofort anfangen, wir würden den Vertrag erst mal für die Dauer eines Jahres abschließen. Überlegen Sie sich die Sache in Ruhe. In zwei Tagen rufe ich Sie an!« Eigentlich hatte ich ja geschworen, Deutschland nie wieder zu betreten. Andererseits käme ich ja als Amerikaner im Auftrag des State Department, hätte mit den Deutschen also nicht direkt etwas zu tun. Ich diskutierte lange mit meiner Frau und Freunden, schließlich sagte ich zu, ich konnte ja gegebenenfalls das nächste Flugzeug zurück nehmen. Eine Woche später sollte ich mich in Bad Godesberg melden. Auch die »Stimme Amerikas« begrüßte meine Entscheidung und beurlaubte mich.

Mit sehr gemischten Gefühlen und innerlich erregt flogen wir nach Deutschland. Aus Godesberg holte ich mir meine Identification Card, kurz ID genannt, und alle Anweisungen ab. Mit dem Militärzug fuhren wir nach Berlin. Seltsam erstarrt und ohne innere Bewegung verließ ich im Bahnhof Lichterfelde den sicheren Hort. Auf der Fahrt ins Harnackhaus, dem amerikanischen Militärhotel in Zehlendorf, sah ich die zerstörte Stadt. Seltsamerweise regte sich in mir kein Entsetzen, kein Mitleid. Voller Trauer dachte ich zurück an meine große Familie, die seit mehr als 200 Jahren in Berlin und Pommern beheimatet gewesen war, und die Tränen stiegen mir langsam in die Augen. Und ich dachte an ihr Ende in Auschwitz! Nur ganz wenige überlebten. Ich wollte eigentlich nur weg, zurück in die USA!

Aber schließlich war die Fahrt nach Zehlendorf nicht lang genug, um diesen Wunsch doch noch in die Tat umzusetzen. Wir richteten uns in dem komfortablen Hotel erst einmal ein. Sofort rief ich einen alten Freund, den Filmregisseur Gerhard Lamprecht, an. Vor meiner Emigration hatte ich bei ihm bereits in zwei Filmen mitgewirkt. Damals hatte er große Dinge mit mir vorgehabt. Er kam zu uns ins Hotel, die Tränen liefen ihm über die Wangen. Siebzehn Jahre waren vergangen - und was für Jahre!

Meine Tournee begann und führte in alle Städte Deutschlands, in denen es Amerika Häuser gab. Überall wurde ich mit Beifall und Blumen überschüttet, es wurde ein riesiger Erfolg. Und auch die Kritiken waren durchweg hervorragend. Das Publikum war überall rührend zu mir. Die Berliner wollten mich nicht von der Bühne lassen. Ich mußte ein Taxi nur für die Blumen und Geschenke nehmen. Ich erhielt auch unzählige Briefe, Fanpost und viele Liebesbriefe.

In Frankfurt am Main gab Shepherd Stone, der spätere Leiter des Aspen-Instituts, mir zu Ehren eine große Party, zu der fast alle in Deutschland stationierten »hohen Tiere« der Army und des State Departments geladen waren. In einigen Städten wurde ich gebeten, in den jeweiligen Rundfunkhäusern Aufnahmen zu machen, so in München, Stuttgart, Bremen und Saarbrücken. Aus Zeitmangel war das leider nicht möglich, da ich ja einen festen Reiseplan hatte, und die Konzerte überall schon terminiert waren. Vage versprach ich, mich zu melden, obwohl ich nicht im Ernst daran dachte, nach

John Hendrik im Amerikahaus

Der bekannte amerikanische Operettentenor J o h n Hendrik hat vergangene Woche auf Einladung des Stuttgarter Amerikahauses einen Abend mit amerikanischen Schlagern und Liedern gegeben und eine begeisterte Hörerschaft mit den Perlen der leichter Musik vom Broadway bekannt gemacht. Das Programm enthielt die beliebtesten Melodien aus solchen Erfolgen der Operettenbühne wie „Oklahoma", „South Pacific" und „Show Boat", die beweisen, daß es neben dem stereotypen Jazz drüben auch eine recht populäre, sentimentale Musik gibt, die sich an die gewohnten europäischen Stilmittel hält. Hendrik verfügt über eine glänzend geschulte und ausdrucksfähige Stimme, der sich die für die Bühne erforderliche mimische Begabung zugesellt. Wolfgang Geri war ein feinfühliger Begleiter. Hervorragend war seine Interpretation der Musik Gershwins.   pf

WIR SAHEN —

Begeisterung um John Hendrik

Es war zweifellos ein sehr glücklicher Gedanke, der das Amerika-Haus veranlaßte, uns durch den bekannten amerikanischen Tenor John Hendrik einen Blick in die Operette und das volkstümliche bzw. das Volkslied der Neuen Welt zu gewahren; auch dann, wenn uns dabei Namen von solch internationaler Prägung wie unter anderem Stephen Foster und Georg Gershwin begegneten. Humorvoll launisch und doch in aller Sachlichkeit von Lotte Loeser-Hendrik eingeführt bot John Hendrik einen blühenden Strauß beschwingter Melodien in begeisternder Könnerschaft, vollendet in der Beherrschung der diesem Genre eigenen Registerfarben, apart und gefühlvoll, doch ohne süßliche Sentimentalität in der Darstellung. Ihm zur Seite am Flügel Wolfgang Geri, dessen bedeutende Technik ebenso wie der Charme seiner Begleitung manchmal geradezu berückend war. — Ein Abend, der das verständlicherweise aufgeschlossene Publikum zu heller Begeisterung hinriß.   -ac.

Begeisterung für Sonny Boy

In einem Punkte sind sich die Operettenkomponisten und -librettisten aller Länder einig; alles dreht sich um die Liebe, sei es das romantische Liebesidyll, die tragische „große" oder wenigstens diejenige, welche hoffentlich noch kommt. Und so fühlte sich denn auch das deutsche Publikum in der amerikanischen Operette gleich „ganz wie zu Hause" (im Amerika-Haus). Der amerikanische Tenor John H e n d r i k sang eine Auswahl populärer Melodien aus berühmten amerikanischen Operetten und Lieder, die durch die Stimme des berühmten Al Jonson zum amerikanischen Volksgut geworden sind. Er bot sie (ebenso wie sein Begleiter Wolfgang G e r i) mit einem so liebenswürdigen persönlichen und stimmlichen Charme, daß seine Hörer tief gerührt den einschmeichelnden Liedchen um „Liebe, Lust und Leid" folgten. Beim „Sonny Boy" aber und den deutsch gesungenen „G'schichten aus dem Wiener Wald" wollte die Begeisterung kein Ende nehmen! Einige recht interessante Erläuterungen zum Programm gab Lotte Loeser-Hendrik.   M. Schi—.

FIRST off the shelf, then, is F. 9498, a recording by tenor John Hendrik of the " White Horse Inn" classics, " Goodbye" and " My Song of Love." He is accompanied by the David Brenton Orchestra. Hendrik's voice is as fresh as a country breeze in Summertime. There is a soft velvet quality about it that is sustained throughout the register. His phrasing and breath control are perfect indications of a sound, impressive technique and he has all the happy prerequisites for a short, but extremely pleasant few minutes for the lucky listener to his songs. I heartily recommend him and his recordings to your attention.

Zeitungskritiken

Beendigung der Tournee jemals wieder nach Deutschland zu gehen. Nach einem Jahr ging ich tatsächlich zurück nach New York zur »Voice of America«. Bald kam jedoch eine erneute Anfrage für eine zweite Tournee durch Deutschland. Ich willigte ein, da mich mein Job in New York, ganz offen gestanden, langsam ein wenig langweilte.

Wie sagt der Berliner: »Rin in die Kartoffeln - raus aus die Kartoffeln!« Also gingen wir wieder zurück nach Germany. Alles lief genau so wie bei der ersten Tournee. In Berlin trat ich im amerikanischen Sender RIAS in der berühmten öffentlichen Sendung »Mach mit« von und mit Ivo Veit auf. Er kramte sein bestes Schulenglisch hervor und stellte mir die üblichen Fragen, wie ich mich fühlte und wie ich Berlin fände. Ich antwortete in meinem besten gebrochenen Deutsch. Diesen Dialog führten wir eine Weile fort, bis ich herausplatzte: »Nu hör doch endlich uff mit dem Quatsch, schließlich sind wir doch zusammen zur Schule gegangen!« Das Publikum tobte vor Lachen!

Danach flog ich nach New York zurück. Auch hier wieder der alte Trott: Ich machte erneut meine Interviews, nahm die Sendung »Fünfzehn Minuten mit John Hendrik« auf und sang bei den verschiedenen Rundfunkanstalten. Alles in allem war ich ziemlich unzufrieden. Ich hätte nun eigentlich endlich Gesang studieren können, aber auch an mir war die Zeit nicht spurlos vorüber gegangen. So beließ ich meine Stimme beim »status quo«. Zufällig lernte ich den liebenswürdigen Cederic Dumont aus der Schweiz kennen, der sich gerade in New York aufhielt. Er war Leiter des Orchesters des Schweizerischen Rundfunks, Studio Basel. »Sie müssen mich in der Schweiz besuchen, wir können viele Aufnahmen mit meinem Orchester machen. Lassen Sie mich wissen, wann Sie wieder in Europa sind.« Da ich es für ziemlich unsinnig hielt, noch einmal in Hollywood mein Glück zu versuchen, sagte ich zu, als mir wegen des riesigen Erfolgs der beiden ersten Deutschlandtourneen noch eine dritte durch die Amerika Häuser angeboten wurde.

Wieder hatte ich den gleichen Erfolg in übervollen Sälen und die Menschen schenkten mir viel Herzlichkeit. Nach Beendigung der Tournee folgten im Süddeutschen Rundfunk Stuttgart erste Gesangsaufnahmen, und ich wirkte auch in öffentlichen Veranstaltungen mit, beispielsweise in der ersten großen Quizsendung. Den

John Hendrik
der weltberühmte
Tenor singt:

Sterne + Frauen
Erinnern Sie sich noch
geliebte Frau?

von
John Hendrik und
Rolf Marbot

Edition Meridian
MÜNCHEN

Hauptpreis, einen ganz modernen, großen und sehr teuren Radio-
apparat gab ich im Eifer des Gefechts aus Versehen leider dem
Falschen. Der eigentliche Gewinner beschwerte sich, und so mußte
der Sender ein zweites, teures Radio kaufen. Das waren Anfang und
Ende meiner Laufbahn als »Quizmaster«. Singen durfte ich allerdings noch. Man legte mir eine junge Sängerin ans Herz, die das
erste Mal in einer großen, öffentlichen Sendung auftreten sollte: Bibi
Johns, deren Debüt dann auch sehr erfolgreich verlief. Von Stuttgart
aus fuhr ich nach München, machte auch dort zahlreiche Aufnahmen und lernte den Verleger Ralph Maria Siegel kennen. Wir freun-
deten uns schnell an.

Eines Tages saßen wir in einem Café, als ein Filmregisseur an
unserem Tisch auftauchte und zu Siegel aufgeregt sagte: »Ich brauche umgehend eine Melodie, so etwa wie aus dem Film ›Der Dritte
Mann‹«. »Die kann ich Ihnen liefern, bis wann brauchen Sie die?«
antwortete ich schnell zu meinem eigenen Erstaunen. »Bis morgen!«
Ich rief einen Pianisten an, den ich vom Rundfunk her kannte und
bat ihn, sofort zum Bayerischen Rundfunk zu kommen. Ich sang
ihm eine Melodie vor, natürlich mit falschen Harmonien, und bat
ihn dann, sie richtig aufzuschreiben. Er schrieb sie schnell und
unproblematisch auf, und ich brachte mein »Werk« dem Regisseur.
Dieser summte die Melodie vom Blatt und gab mir sofort einen
Scheck über 500 DM. Ich verbarg meine Überraschung, nahm den
Scheck und ging meines Weges! Danach habe ich noch ein paar weitere Schlager »komponiert«, aber da ich von meinem allzu kurzen
Musikstudium das meiste vergessen hatte, investierte ich nicht sonderlich viel Eifer ins Komponieren.

Ralph Maria Siegel stellte mich in München vielen einflußreichen
Menschen vor. Bald hatte ich sowohl im Bayerischen Rundfunk als
auch in öffentlichen Veranstaltungen gut zu tun. In diesen Tagen
lernte ich auch Wal-Berg, den Dirigenten des großen Jazzsympho-
nieorchesters von der »Radiodiffusion Française« kennen, der mit
seinem 100-Mann-Orchester jeden Sonnabend aus dem Studio in
Paris live amerikanische Musik sendete. »Ich habe in London gerade
ein paar von Ihren Platten gehört und bin sehr begeistert. Hätten Sie
nicht mal Lust, in Paris mit meinem Orchester zu singen?« Ich war

natürlich hoch erfreut, und wir verabredeten uns in Paris.

Die Probeaufnahmen machten uns viel Spaß, und vier Wochen lang sollte ich jeden Sonnabend singen. Bei der ersten Sendung plagte mich noch das Lampenfieber, und danach stellte ein Zwischenfall im Hotel alles übrige in den Schatten.

Ich wohnte in einem Hotel gegenüber dem berühmten »Georges Cinque« an der Ecke der Champs Elysée. Dem Manager hatte ich erklärt, daß ich etwas klamm sei, weil mein Arbeitgeber, die Radio Diffusion Française, erst in drei Monaten meine Gage überweisen würde. Er quartierte mich daher in einem ehemaligen, riesigen Salon ein, den er normalerweise nicht vermietete. Eigentlich lagerte er dort Möbel ein. Der Salon befand sich im Parterre, fast auf den Champs Elysée, und so war es entsprechend laut. Aber ich richtete es mir wohnlich ein. Auf meinem Flur gab es ein Bad nur für mich, keine weiteren Gästezimmer, aber Aufenthaltsräume fürs Personal. Wie gewöhnlich wollte ich mir abends auf meinem Spirituskocher Tee zubereiten. Ich zündete das Flämmchen an und stellte fest, daß der Spiritus fast zu Ende war. Eilig und gedankenlos holte ich die Flasche, um etwas Spiritus nachzugießen. Niemand im Hause konnte ahnen, daß ein gnädiges Schicksal in diesem Augenblick das Hotel vor dem Untergang bewahrte. Denn die Flasche hatte sich sofort entzündet, und kopflos rannte ich mit dem »Brandsatz« wie mit einer Fackel in der Hand den Flur entlang. Wäre die Flasche explodiert, hätte ich mindestens eine Hand weniger gehabt. Zum Glück fiel mir das Badezimmer ein. Ich sputete zurück und schleuderte die brennende Flasche im allerletzten Augenblick in die Badewanne, denn langsam war die Flasche auch etwas heiß geworden. Ich drehte den Wasserhahn auf und ging erleichtert zurück. Plötzlich sah ich, daß es durch die Milchglasscheiben meiner Salontür hell flackerte. Vom Kronleuchter konnte es nicht kommen, denn dieser war nur eine mickrige Funzel. Voll trüber Ahnung stieß ich die Tür auf. Die Gardinen standen in hellen Flammen! Ich riß, was davon noch übrig war, runter und trampelte wie wild auf den brennenden Resten herum. Nachdem ich die Flammen auf diese Weise erstickt hatte, eilte ich zurück ins Bad, um die zersprungene Spiritusflasche aus der Wanne zu entfernen. Auf dem Flur kam mir schon ein mittleres

Rinnsal entgegen, dessen Ursprung unschwer zu erkennen war: Es sprudelte unter der geschlossenen Badezimmertür hervor. Mit einem Hechtsprung erreichte ich den Wasserhahn und drehte ihn zu. Langsam war ich mit meinen Nerven am Ende. Aber nichtsdestotrotz mußte ich noch das Chaos in meinem »Salon« beseitigen. Der Fußboden war vom Ruß geschwärzt, die Reste der Gardinen qualmten. Irgendwo fand ich einen Eimer, eine Bürste und ein wenig Seife. Die ganze Nacht über bis zum Morgen schrubbte ich auf den Knien das Parkett.

Niemand schien von der Beinahe-Katastrophe etwas bemerkt zu haben. Als ich abreisen wollte, fragte mich nur das Zimmermädchen aus dem Saarland in Deutsch: »Mir können Sie es doch sagen, wo haben Sie die Gardinen gelassen?« »Gardinen? Jetzt, wo Sie es sagen, fällt es mir auch auf, daß sie fehlen. Na, ich hab sie jedenfalls nicht geklaut!« »Das habe ich auch nicht angenommen, aber merkwürdig ist es doch!?« »Das finde ich allerdings auch, aber es wird sich ja sicher klären.« Und gab ihr ein Trink - bzw. »Schweigegeld«. Dasselbe Zimmermädchen hatte sich schon rührend um mich gesorgt, als ich nach dem zweiten Sonnabend plötzlich hohes Fieber und eine schwere Angina bekam. Ich war unfähig, aufzustehen. Sie brachte mir heimlich Essen und Trinken aus der Hotelküche und besorgte mir sogar eine Medizin. So war ich am dritten Sonnabend wieder fit. Alles in allem ein großer Erfolg, dieses Wal-Berg-Unternehmen.

Anschließend fuhr ich nach Basel zu Cedric Dumont. »Schön, daß Sie gekommen sind. Sie kennen doch sicher viele amerikanische Titel. Kommen Sie übermorgen zu mir und lassen Sie uns eine Auswahl für die Aufnahmen treffen.« Er folgte meinen Vorschlägen, und wir verabredeten die Produktionstermine. Die ersten Aufnahmen wurden hervorragend. Cedric bat mich, noch einige Zeit in Basel zu bleiben. Zu meiner großen Freude beschäftigte er mich sehr oft, aber ich wollte nun endlich nach Zürich. Cedric gab mir eine Empfehlung an den Leiter des Studios Zürich, Paul Burkhard, mit. Er war ein ganz reizender Mann, intelligent, sarkastisch und sehr liebenswürdig. Er leitete das Orchester, komponierte viele hübsche Lieder und hatte ja später einen Welterfolg mit der Musik für den Film »Feuerwerk«, in dem die unvergessene Lilli Palmer die Hauptrolle spielte. Ich weiß heute nicht mehr, wie viele seiner Songs ich für den Schweizerischen Rundfunk aufgenommen habe. Er selbst begleitete mich immer am Flügel. Er hatte auch die Musik für die Oscar Straus Operette »Ein Walzertraum« neu arrangiert und mit dortigen Opernsängern aufgenommen - ich sang die männliche Hauptrolle.

In der Zwischenzeit hatte ich gehört, wie populär der RIAS in Berlin und in Deutschland geworden war. Da er ja schließlich ein amerikanischer Sender war und zur gleichen »Government agency« gehörte wie die »Stimme Amerikas«, meinte ich, daß es für mich dort eine ganze Menge zu tun gäbe und man sicher schon auf mich wartete. Ich sagte also »Adieu« und »Merci« zu Zürich und flog nach Berlin. Vom Flughafen Tempelhof fuhr ich direkt zum RIAS nach Schöneberg. Ich ließ mich bei der amerikanischen Direktion melden und sagte fröhlich: »Da bin ich!« Der Ami erwiderte freundlich lächelnd: »Na und?« Er kannte mich nicht. Ich erzählte ihm, daß ich noch unter Vertrag bei der »Voice of America« wäre, aber gern in Berlin für den RIAS arbeiten wollte. »Das ist im Moment etwas schwierig, dear John, warum versuchen Sie es nicht mal beim Stuttgarter Rundfunk?« Jetzt wurde ich richtig sauer! Er mußte mir meinen Zorn und meine Enttäuschung angesehen haben und lenkte ein: »Sie können sich ja mal mit unserem deutschen Programmdirektor unterhalten.« Damit nahm er den Hörer und meldete mich bei ihm an. »Gehen Sie gleich zu ihm runter, good luck and goodbye. Er wird Ihnen auch nicht viel mehr sagen können.«

Der RIAS läßt sich bitten
1957 auf Wohnungssuche in Berlin –
»Club 18 – das schaffe ich nie!«

Ich war so enttäuscht, daß ich eigentlich gar keine Meinung mehr hatte, hinzugehen. Aber mein Unterbewußtsein hatte mich schon auf den Weg geschickt, ich war unversehens im zweiten Stock gelandet und fand sofort die Programmdirektion. Ich brauchte nicht zu warten. Die Sekretärin führte mich ins Allerheiligste, wo ich einen sehr jungen, freundlich dreinblickenden Mann traf, der mir offen entgegenkam und mir Platz anbot. Sofort hatte ich zu Herbert Kundler Vertrauen. Deprimiert erzählte ich ihm von meiner Unterhaltung mit dem Chairman. Der Programmdirektor erklärte mir die besondere Struktur dieses Senders, vor allem meinte er, daß die amerikanischen Programmoffiziere sich eigentlich kaum um die Gestaltung von Sendungen kümmerten, sondern eher eine Aufsichtsfunktion hätten, die sie mit größter Liberalität ausübten. Interessiert hörte er sich meine Geschichte an und machte mir schließlich einen Vorschlag: »Der Leiter unserer Abteilung Kulturelles Wort beginnt gerade eine Produktion mit dem Titel: ›Ein Film entsteht‹. Wollen Sie da nicht mitmachen, das wäre doch sicher ein interessantes Thema gerade für Sie?« Er rief Alfred Berndt an, der sofort erschien. Kundler legte mich Berndt ans Herz. Nach einem kurzen Gespräch waren wir einig, daß wir es miteinander probieren wollten.

Die Arbeit machte mir viel Spaß. Allerdings mußte ich täglich um sieben Uhr in irgendeinem Filmstudio sein. Das fiel mir wirklich schwer. Unwillkürlich mußte ich an meine Probenzeit mit Max Reinhardt in New York denken, der das Frühaufstehen haßte und immer erst nachmittags probierte, damit er »ausschlafen« konnte. Man erzählte sich von ihm eine nette Anekdote: Reinhardt war einmal um neun Uhr als Zeuge vor Gericht geladen. Schlaftrunken machte er sich auf den Weg und traf auf der Straße in der morgendlichen Rush hour sehr viele Menschen an. Reinhardt fand das völlig unbegreiflich und fragte fassungslos seinen Begleiter: »Alles Zeugen?«

Herbert Kundler ließ mich eine Sendung über Richard Tauber machen. Das kam mir sehr entgegen, weil ich ja viele persönliche

Erinnerungen einbringen konnte. Ich spielte zahlreiche Platten von ihm, selten gehörte und teilweise sogar noch unveröffentlichte Tonbandaufnahmen. Die Resonanz auf diese Sendung übertraf alle Erwartungen. Der RIAS erhielt viele begeisterte Zuschriften aus ganz Deutschland. Sogar einige »Kirchenfürsten« schickten Glückwunschtelegramme. Den gleichen Erfolg hatte ich Jahre später mit einer Fernsehsendung über Tauber.

Diese Sendung brachte die Idee für die später sehr populär gewordene Reihe »Heute so beliebt wie damals«. Ich spielte alte Schallplatten aus den Jahren von 1905 bis Anfang 1933, erzählte von den Künstlern und deren Zeit. Natürlich hatte ich zunächst nur wenige Aufnahmen beim Herumstöbern in der Stadt erworben. In einer der ersten Sendungen bat ich die Hörer, doch einmal in ihren Schränken nachzuschauen, ob sie sich von der einen oder anderen alten Platte trennen würden. Die Resonanz war gewaltig! Im Laufe der Jahre überließen sie mir Tausende solcher Platten, die dann von unseren RIAS-Technikern kunstvoll und mit viel Liebe technisch aufgemöbelt wurden. So brachten wir hervorragende Wiedergaben zustande.

125

Eines Tages bestellte mich Herbert Kundler in sein Büro: »Ich habe da so ein Idee. Augenblicklich ist doch Jazz sehr populär, man hört ihn überall, besonders natürlich im AFN. Ihnen wird die Musik sicher sehr geläufig sein, aber für uns hier sind die Klänge neu. Ich möchte gern, daß Sie eine wöchentliche Jazzsendung gestalten mit Stars wie dem Pianisten Oscar Peterson oder Louis Armstrong, Ella Fitzgerald und Duke Ellington. Ich dachte an eine wöchentliche Sendezeit von 30 Minuten. Wenn Sie morgen abend nichts Besonderes vorhaben, könnten wir uns doch bei Ihnen mal zusammensetzen und besprechen, wie man eine solche Sendung realisieren könnte.«

Ich fand es rührend, daß dieser vielbeschäftigte Mann, der übrigens seinerzeit der jüngste Programmdirektor in Deutschland war, sich meiner annahm. Von der Idee war ich natürlich begeistert. Zwar kannte ich die Jazzer von der »Swingstreet« in New York, aber über ihre Musik und die Ursprünge hatte ich offen gestanden noch nie so richtig nachgedacht. In New York besaß ich in der 52nd, der »Swingstreet« mal eine kleine Wohnung in der Nähe des Museum of Modern Art. Dort wurde der Lebensrhythmus vom Jazz bestimmt, denn ein Jazzclub war neben dem andern. Nur gerade gegenüber von meiner Wohnung fiel ein Lokal total aus dem Rahmen: der italienische Wirt stand allabendlich zum Ergötzen seiner Gäste auf dem Kopf und sang in dieser unbequemen Stellung - italienische Opernarien. Er sang aus dieser Position heraus hervorragend. Ich hatte ihn jedoch nie aufrecht stehend singen gehört, wahrscheinlich konnte er so nur krächzen.

Der Jazz faszinierte mich sehr, und meine abendlichen Spaziergänge führten mich regelmäßig die Straße hinauf und hinunter. Vor irgendeinem Lokal stand bestimmt immer ein Jazzer, der eben mal eine Zigarettenpause einlegte. Hier traf ich auf Musiker wie Count Basie oder auch Louis Armstrong, Oscar Peterson, Duke Ellington und viele andere, die später weltberühmt wurden. Wir redeten und redeten über dieses und jenes, nur nicht über ihre Musik. Später habe ich das natürlich bedauert. Besonders an dem Abend, als Herbert Kundler kam. Freilich ahnte ich nicht, wie schicksalhaft die nächsten Stunden für mich werden sollten. Zunächst diskutierten wir eine Weile, tauschten Ideen aus. Dann setzte sich Herbert Kundler an eine kleine Reiseschreibmaschine und begann, das erste Manuskript für die Jazzsendung zu schreiben. Er schien es aus dem Ärmel zu schütteln. Ich war beeindruckt von seiner Intelligenz und Souveränität. Wir redeten, diskutierten immer weiter, verwarfen auch das eine oder andere, und Kundler schrieb, die Stunden vergingen darüber wie im Fluge. Als das erste Manuskript stand, war es halb sechs morgens! Wir hatten auch einen einprägsamen Titel gefunden. Wir schätzten, daß der durchschnittliche Hörer einer solchen Sendung achtzehn Jahre alt sein dürfte. So nannten wir die Jazzsendung »Club 18 - Internationales Jazzforum für junge Menschen«.

Kundler verabschiedete sich. Er schien überhaupt nicht müde zu sein und sagte beim Hinausgehen: »Die nächsten Folgen schreiben Sie dann allein, Sie wissen ja jetzt, wie's geht.« Ich las das Manuskript noch mal durch und fand es hervorragend. Aber ich bekam doch Manschetten bei dem Gedanken, von nun an jede Woche allein eine Sendung produzieren zu müssen. So etwas hatte ich ja noch nie gemacht! »Das schaffe ich nie,« stöhnte ich total übermüdet am Frühstückstisch. Erbarmungslos konterte meine energische Lotte voller Sinn für die Realität: »Du kannst!« Und damit war auch dieses Problem aus der Welt.

So besorgte ich mir also amerikanische Jazzbücher, entsprechende Lexika und Schallplatten. Die erste Sendung lief an einem Sonnabendnachmittag. Am Montag bereits erhielten wir begeisterte Briefe junger und, wie sich zu unserem Erstaunen herausstellte, auch älterer Hörer. Voll Zittern und Zagen machte ich mich an das Manuskript für die zweite Sendung. Und auch sie hatte zu meiner großen Überraschung wieder eine enorme Resonanz. Ich konnte es eigentlich gar nicht fassen und staunte am meisten über mich selbst. Nach einigen Folgen forderte ich ganz kühn die Hörer auf: »Wenn Ihr daran interessiert seid, können wir uns ja mal treffen und über Jazz sprechen. Ihr bringt einfach Eure Platten mit, die wir dann abspielen. Ich gebe Euch noch Ort und Zeit bekannt.«

Ich suchte die Senatorin für Jugend und Sport, Ella Kay, auf und begeisterte sie für meine Idee. Sie stellte mir einen Raum im Jugendzentrum »Weisse Rose« in der Ahornstrasse in Steglitz zur Verfügung. Drei junge Männer mit ihren Lieblings-Jazzplatten erschienen schließlich zu dem ersten Treffen. Anfangs »fremdelten« wir ein wenig und wußten nicht so recht, was miteinander anzufangen. Ich ließ mir meine Hilflosigkeit möglichst nicht anmerken. Doch dann brach das Eis ziemlich schnell, und es kam eine nette Unterhaltung zustande. Wir spielten einige Platten und verabredeten uns für einen weiteren Termin in zwei Wochen an der gleichen Stelle. Ganz zum Schluß kam noch ein Vierzehnjähriger mit einer LP angelaufen und fragte mich aufgeregt: »Haste schon mal Ella auf 33 jehört?« Gerade war Ella Fitzgeralds erste LP erschienen.

Ungewollt hatte ich mich mit dem Erfolg der Sendung allerdings auch in eine Zwangslage gebracht. Wenn jede Woche eine Produktion gesendet werden sollte, dann mußte ich mich dafür entscheiden, in Deutschland zu bleiben. Daran hatte ich bisher nicht gedacht. In langen Gesprächen klärten Lotte und ich unsere Situation, und sie teilte meinen Eindruck, daß die jungen Deutschen nicht für die schrecklichen Taten ihrer Eltern verantwotlich gemacht werden können. Die Jugend bestärkte mich in meiner Hoffnung auf eine positive Zukunft. Ich verlor mein Mißtrauen, wenigstens jungen Menschen gegenüber. Erleichtert wurde mein Entschluß durch meine Zugehörigkeit zum State Department, wodurch ich ja nichts mit der deutschen Bürokratie zu tun bekam und eingebunden war in die Gemeinschaft der Amerikaner. Wir beschlossen also, uns eine Wohnung zu suchen, nachdem wir bisher in Hotels und möblierten Appartements Station gemacht hatten. Das war 1957.

Schnell wuchs das Interesse sowohl an der wöchentlichen Schallplattensendung von »Club 18« als auch an den vierzehntägigen Treffen. Sie wurden auch zu einem bedeutenden Forum für junge, ausübende Jazzmusiker. Unsere Besucherschar wurde so zahlreich, daß das Jugendzentrum nicht mehr ausreichte. Jugendsenatorin Ella Kay erkannte rasch die Bedeutung der zu einer Institution für die Jugendlichen gewordenen Sendung, die durch diese »Treffen« von der Straße geholt wurden. Sie unterstützte uns, indem sie uns im Rathaus Friedenau den großen Sitzungssaal mit 600 Plätzen zur Verfügung stellte. Er war immer rappelvoll, und wir hätten ihn locker doppelt füllen können.

Für die Jazzer war es bald eine liebe Gewohnheit, bei uns zu spielen. Im Laufe der Jahre wurde der »Club 18« das Jazzentrum Berlins. Die erste Band, die spielte, war »Papa Ko and his Jazzin' Babies«. Auch aus dem Ostteil Berlins traten Musiker bei uns auf. So kam ein Trompeter nach Friedenau und schob einen Kinderwagen vor sich her. Interessiert wollte ich den Nachwuchs bestaunen. Mitnichten, es lag die Trompete drin, weil die Vopos nicht wissen sollten, wo der junge Mann hingehen wollte. Nach einem Jahr feierten wir den ersten Geburtstag unseres Clubs mit einem Jazzband-Ball im Studentenhaus am Steinplatz. Fast alle damaligen Berliner Amateurbands gratulierten. Viele Jahre später erfuhr ich, daß dort auch ein ganz junges Mädchen das erste Mal groß ausgehen durfte. Am Saaleingang begrüßte ich alle Gäste per Handschlag. Dieses junge Mädchen machte noch einen Knicks vor mir, wie es mir später erzählte. Das hatte ich zwar vergessen, aber es sollte einmal meine zweite Frau werden.

Jenseits der Grenze, im anderen Teil der Stadt, nahmen sogar die Grenzsoldaten an den Sendungen teil, indem sie die Anwohner in den Grenzhäusern baten, die Fenster zu öffnen, wenn die Themamusik, der Basin Street Blues, erklang. So konnten auch die Vopos ganz unauffällig zuhören. Die Propagandamaschine von drüben kam auch langsam auf Touren: »Seid vorsichtig. Einer, der sich Ami nennt ist der Chef, und das Ganze ist etwas undurchsichtig«, stand in den Ost-Zeitungen. Nach dem 13. August 1961 brachen die Kontakte zu den Musikern notgedrungen ab. Aber unter der Hand waren einige unserer Clubmitglieder am Bau eines Fluchttunnels beteiligt und verhalfen wenigstens ein paar Menschen in die Freiheit.

Im Laufe der Zeit besuchten uns auch mehr und mehr berühmte internationale Jazzsolisten und spielten auf unseren Treffen, teilweise mit den Berliner Bands, teilweise kamen sie auch mit eigener Gruppe. Mir fällt Count Basie ein oder der Pianist Errol Garner, der als Unterlage zwei Telefonbücher brauchte, um bequem zu sitzen; oder Louis Armstrong und Duke Ellington, der zum Erstaunen des Clubs erzählte, daß er über 100 Anzüge besäße. Noch viele Namen könnte ich nennen. Alle Solisten spielten aus purer Begeisterung und, ebenso wie die Bands, ohne Honorar. Auch die Wirtschaft honorierte unser Engagement für die jungen Menschen. Zu den großen Jubiläen stifteten sie immer reichlich für die Tombola. Beim 20. Geburtstag in der ausverkauften Deutschlandhalle gab es sogar einen 2CV, eine »Ente«, zu gewinnen.

Viele Ehen entstanden im Kreise der Jazzer. Ich mußte sie dann mit meinem weißen Chevy zur Kirche fahren. Auch privat hatten die jungen Leute immer einen Treffpunkt bei mir zu Hause. Auf der riesigen Terrasse des vergammelten Hauses, in dem wir eine Wohnung gefunden hatten, wurden viele Streitgespräche geführt. Später brachten die »alten« Jazzer dann ihre Kinder mit.

Die Altersstruktur veränderte sich im Laufe der Jahre nach oben, aber nach wie vor gab es auch in der Ära der Rockmusik genügend Jazzfans in allen Altersgruppen, so daß diese Sendung auch zu einem Synonym für den RIAS wurde und an die 33 Jahre im Programm blieb. Erst als ich 1990 kürzer treten wollte, wurde diese Sendung aus dem Programm genommen.

Natürlich betreute ich außer dem »Club 18« viele andere Sendungen. Es gab beispielsweise eine Sendereihe »RIAS Abendstudio«, Features von 90 Minuten Länge, die die unterschiedlichsten Sachbereiche umfaßten. Auch ich lieferte für diese Reihe viele Themen. Besonders gern erinnere ich mich an die Sendungen über europäische Hauptstädte und eine ganze Serie aus Berlin mit Titeln wie »Hotelstadt Berlin«, »Zirkusstadt Berlin«, »Opernstadt Berlin« und »Kriminalstadt Berlin«. Bei der Produktion dieser Sendung geriet ich selbst in Gefahr. Weil ich mit dem Berliner Kripodirektor gut bekannt war, bekam ich eine Ausnahmegenehmigung für eine nächtliche Streifenfahrt mit der Kripo. Ich durfte als fünfter Mann mitfahren, zwei der Kommissare waren Karatemeister. Erste Station war eine Kneipe nahe der Mauer. Das Lokal wurde abgeriegelt und die Personalien der Gäste festgestellt. Zwei durften in der »Grünen Minna« Platz nehmen, die uns begleitete. Ich versuchte die ganze Zeit möglichst viel Originalton mit meinem Mikrofon einzufangen. Plötzlich, schon beim Hinausgehen, brüllte einer der Lokalbesucher los: »Das Schwein da macht Aufnahmen, ick war dreizehn Jahre im Knast, wenn meine Alte erfährt, daß ick hier bin, kriege ich riesigen Streß. Nimm sofort den Kasten weg, Du Hund!« Damit wollte er zur

Bobtail Boris testet den »2CV, den Hauptgewinn zur Veranstaltung in der Deutschlandhalle »20 Jahre Club 18«

Tat schreiten. Nur mühsam konnten ihn die eigenen Kumpel davon überzeugen, daß ich gar keinen Fotoapparat hatte. Eigenartigerweise kam er uns aber bei der nächsten Station in einem Lokal ein paar Querstraßen weiter laut gestikulierend und mit drohender Gebärde entgegen. Diesmal wollte er mich schon totschlagen. Ich bat meine Begleiter, mich doch mal mit dem »Herren« reden zu lassen. Sie berieten kurz und wiesen mich auf das Risiko hin. Aber ich ging forsch auf ihn zu: »Junge, laß' uns mal allein miteinander reden, ich mache wirklich keine Fotos, laß' Dich doch überzeugen.«

Mißtrauisch folgte er mir in einen stillen Winkel und fragte mich, wer ich eigentlich sei und was ich denn überhaupt wollte. »Ich mache eine Rundfunksendung und brauche nur ein wenig Atmosphäre!« »Wie heeßte denn?« Ich nannte meinen Namen. »Wat, Du bist John Hendrik? Ick kenn' Dir doch vom Radio. Du mußt doch nicht mit den Bullen mitloofen, die haben ja keene Ahnung. Ick kann Dir det allet zeigen, mit den Nutten und so. Hier haste meine Telefonnummer, und dann machen wer uns 'nen richtig duften Abend!« Mir wurde langsam doch ein wenig bange, und ich ließ mich von einem der Kommissare weglotsen. Denen war das auch nicht ganz geheuer. Meine freundlichen Kripobeamten schickten mich einfach nach Hause, meinten, daß ich nun genügend Eindrücke gesammelt hätte ... Sicher hatten sie genug davon, für mich das »Kindermädchen« zu spielen. Die Zeiten haben sich leider sehr nachteilig verändert, heute kommt mir die Geschichte schon fast märchenhaft vor. Die »Qualität« der Gangster hat sich sehr gewandelt!

Man frühstückt bei John
Die erste Talkshow Deutschlands – Hans Söhnker will einen Besen fressen – In langen Nächten mit Inge Meysel und anderen bis in den frühen Morgen

In meinem Kopf rumorte schon lange eine Idee: Ich wollte eine Unterhaltungssendung produzieren, öffentlich, live und mit spontanen Elementen. Es gab so viele Themen, wenn man mit offenen Augen durch die Stadt ging, man mußte sie nur aufgreifen und die dazugehörigen Menschen vor ein Mikrofon holen. Ein wenig inspiriert war ich durch meine Jahre in den USA, wo man damals schon »talkte«. Der amerikanische Programmoffizier Freddie Jacobson und Programmdirektor Herbert Kundler unterstützten und ermutigten mich, und Kundler nahm die Sendung 1968 ins Programm. Sie sollte jeden Montagmorgen eine Stunde lang unter dem Titel »2. Frühstück mit John Hendrik« laufen. Niemand räumte mir Chancen ein, denn die potentiellen Talkgäste mußten ja auch noch kostenlos auftreten. Die erste Sendung nahte, und es gab viel zu tun. Ein wunderschöner Raum im 19. Stock des Europacenters, im »I-Punkt« war gefunden und wurde uns kostenlos zur Verfügung gestellt. Dann brauchte ich ein Trio: Schlagzeug, E-Gitarre und Klavier. Es sollte auch die Künstler bei ihren Live-Darbietungen begleiten. Sherry Bertram, der gute Geist vom »Club 18«, übernahm die musikalische Seite. Dann brauchte ich Publikum, wies in meinen Sendungen schon mal daraufhin, daß interessierte Hörer doch mal im I-Punkt vorbeikommen sollten. Ich rechnete vielleicht mit zwanzig Besuchern beim ersten Mal ...

Ja, und dann mußte ich natürlich »Programm« machen. Von einer guten Freundin, die bei einer großen Boulevard-Zeitung arbeitete, bekam ich erst mal eine Menge »geheimer« Telefonnummern von Prominenten und solchen, die sich dafür hielten. Als ersten rief ich Hans Söhnker an, der zu jeder Schandtat bereit war. Etwas skeptisch freilich, sagte er sein Erscheinen bei der ersten Sendung zu. Dann lud ich Zoodirektor Professor Georg Klös von »gegenüber« ein, der hatte keinen weiten Weg und würde doch vielleicht ganz gerne ein wenig über seine Schützlinge erzählen. Beim Bummel über den Ku'damm

zwecks Inspiration traf ich auf die sehr hübsche, junge Besitzerin
einer Boutique. Vielleicht dachte sie »der spinnt«, als ich sie einlud,
etwas über Mode zu erzählen. Ich mußte jedenfalls eine Menge
Überredungskunst für ihre Zusage aufwenden. Und sicher war ich
mir ihrer nicht, als ich sie nach 30 Minuten verließ. Ein Schlagersänger machte meine erste Gästeliste komplett. Den Rest der Sendezeit
mußte ich eben talken und Sherry mit seinem »Frühstückssinfonie-
orchester« aufspielen.

Der Montag kam. Ich verbrachte eine schlaflose Nacht und fand
mich auf der Fahrt zum Europa Center aberwitzig, verrückt und verfluchte Gott und die Welt, daß ich mich zu diesem Abenteuer hatte
hinreißen lassen. Um neun Uhr landete ich erschöpft im neunzehn-
ten Stock, wo schon eine lange Schlange geduldig auf Einlaß wartete, der erst für 10 Uhr 30 vorgesehen war. Oh je, wenn mich meine
Talkgäste nun im Stich ließen, würde es bitter werden. Die Blamage
wäre nicht auszudenken! Nun war es zu spät, ich wartete halt und
ließ Sherry proben. Außerdem hatte unsere Technik viele Probleme
zu bewältigen. Schon der Transport des Equipments hinauf in den
19. Stock war eine Leistung.

Um 10 Uhr 45 mußte Sherry raus und das Publikum »anheizen«, wie wir das salopp nennen. Meine Gäste waren noch nicht in Sicht. Langsam wurde ich doch etwas nervös! Gerade als ich zur Begrüßung vor das Mikrofon treten wollte, sah ich Hans Söhnker um die Ecke huschen. Wenigstens einer war gekommen. Bald waren alle meine Ängste umsonst gewesen, die erste Sendung klappte hervorragend. Keiner der Talkgäste hatte mich im Stich gelassen, und jeder hatte auch etwas zu sagen gehabt, der Schlagersänger brachte »zufällig« seine neueste Platte mit, und das Publikum war beifallfreudig. Es bestellte sofort Karten, auch für Freunde und Nachbarn. Hans Söhnker versicherte mir zwar nach der Sendung: »Ich fresse einen Besen, wenn Sie die Sendung öfter als drei Mal zustande bringen!« Aber es lief. Er hatte sich total geirrt. Zum einjährigen Sendejubiläum luden wir ihn wieder ein und schenkten ihm einen Besen.

Diese erste »Talkshow« auf den Ätherwellen wurde schnell zu einem »Renner« in der Hörergunst und zu einem Treffpunkt für große und kleine Stars, für »schräge Vögel« jeder Art, für Prominente aus allen Bereichen des öffentlichen Lebens und natürlich auch für alle andern, die etwas Interessantes zu erzählen hatten. Ein bekannter Politiker der Stadt sang auch mal einen Schlager, seine Wangen zitterten bedenklich vor Lampenfieber. Apropos Lampenfieber, der berühmte Theaterkritiker Friedrich Luft, der jeden Sonntag seine kritische Meinung live über den RIAS kundtat, gestand ein, daß es wirklich ein riesiges Opfer für ihn war, beim »2. Frühstück« zu talken, weil er so entsetzlich unter Lampenfieber litt. Gar kein Lampenfieber hingegen hatten der Bruder der belgischen Königin Fabiola und Michael von Preußen, der Urenkel des Kaisers. Die Sendung wurde zu einem Selbstläufer. Die Künstler richteten ihre Probentermine nach diesem wöchentlichen Termin, auswärtige Gäste kamen teilweise extra einen Tag früher angeflogen. Der Montagmorgen beim »2. Frühstück« wurde ein angenehmes »Muß« für die Gäste vor und hinter dem Mikrofon. Um die kostenlosen Eintrittskarten entbrannte bald ein heftiges Gezerre, denn unsere Warteliste wurde lang und länger. Einzig die Rentner aus der ehemaligen DDR konnten uns jederzeit ohne Eintrittskarte besuchen, was wirklich zu unglaublich bewegenden Szenen führte, wenn sie das erste Mal dabei

Hans Söhnker

sein konnten, einen Tag in Freiheit. Nicht selten flossen Tränen und das »2. Frühstück« erfüllte vorbildlich den Programmauftrag des RIAS, nämlich auch ein Bindeglied zu den Menschen in der DDR zu sein.

Schlecht sah für mich der Montagmorgen aus, wenn Nebel die Flughäfen blockierte oder eine Grippewelle grassierte. Dann kamen meine Talkgäste nicht. Einmal sagten von fünf Geladenen tatsächlich vier ab. An diesen Tagen verfluchte ich meinen Job. Meine zweite Frau Monika, die später meine sämtlichen Produktionen leitete, setzte sich einmal an so einem Morgen um zehn Uhr in ein Taxi und fuhr los. Sie wußte, daß ein Zirkus am Lützowplatz sein Zelt aufgeschlagen hatte. Sie ging von Wohnwagen zu Wohnwagen, klopfte die Artisten teilweise aus dem Schlaf und lud sie alle in den I-Punkt ein. Allerdings sollten sie sofort kommen. Und auf das Fahrende Volk war Verlaß. Einer nach dem andern erschien, teilweise mit den vierbeinigen »Mitarbeitern«, und es wurde eine besonders stimmige Sendung.

Durch eine heimtückische Krankheit hatte ich 1972 meine Frau Lotte verloren. Sie konnte leider nicht mehr dabei sein, als ich das Bundesverdienstkreuz für vorbildliche Jugendarbeit verliehen bekam. Um nicht allein zu der Ehrung gehen zu müssen, begleitete mich mein langjähriger Freund, der damalige Chairman des RIAS, Gerry Gert. Wir beide alberten eigentlich immer, hatten den gleichen jüdischen Humor. Gerry war in Danzig gebürtig, machte eine große Karriere in der Army. Später wechselte er in den Dienst des State Departments. Wir beide, im dunklen Anzug, gingen also wie zwei Schuljungen und mit besonderer, wie wir meinten dem Anlaß gemäßer Würde zum Kultursenator. Aus der Pförtnerloge klang es unfreundlich: »Sie wünschen?« »Wir sollen das Bundesverdienst- kreuz abholen, wo geht's denn lang, junger Mann?« fragte Gerry. Der Mann jenseits der Scheibe schielte beinah vor Schrecken und mein- te insgeheim wohl, zwei Verrückte vor sich zu haben: »Sie sind hier in der Bundesversicherungsanstalt. Hier gibt es keine Kreuze!« Wir brachen in Gelächter aus. Wie hatten wir uns so in der Hausnummer irren können? Gerade noch rechtzeitig schafften wir es dann, zu der feierlichen Zeremonie beim Senator zu erscheinen.

1974 heiratete ich Monika, das Mädchen mit dem Knicks beim »Club 18«-Jubiläum. Zufällig war sie später dann eine RIAS- Kolle- gin geworden. Wir beschlossen, in den USA zu heiraten, schon, um der Publicity in Berlin zu entgehen. Unsere Trauung in New York war von Anfang bis Ende ganz einfach komisch. Wir hatten ja nicht lange Zeit, alles sollte schnell gehen. Die Heiratslizenz bekam ich auf mein Drängen schließlich innerhalb eines Tages kurz vor Diensten- de an einem Freitagnachmittag. Vor dem Büro des Standesbeamten war eine lange Schlange Heiratswilliger. Da wir unseren Trauzeugen gerade erst angerufen hatten, und er während der Rush Hour quer durch die ganze Stadt fahren mußte, ließen wir uns Zeit mit der Anmeldung. Schließlich waren nur noch wir übrig. Ein Beamter stand gelangweilt in der geöffneten Tür und fragte: »Where ist your witness? (Trauzeuge)«. Entgegen meiner sonstigen, unerschütter- lichen Freundlichkeit antwortete ich ziemlich barsch: »Unterwegs, es ist ja schließlich rush-hour!« Der unfreundliche Beamte erwiderte lapidar, daß wir Montag wiederkommen sollten, er würde in fünf-

1972 Verleihung des Bundesverdinstkreuzes,
vlnr: Mr Gerard Gert, Chairman des RIAS und Senator Stein

zehn Minuten schließen. Meine Antwort war völlig unlogisch: »Ich komme aus Berlin und habe nicht so lange Zeit!« Widerwillig räumte er den Eingang, und wir durften uns schon mal in das große Buch eintragen. Dann nahmen wir auf dem Krepierbänkel Platz. Langsam zweifelte ich an dem Erscheinen unseres Freundes Peter Fürst. Fieberhaft dachte ich nach und machte mich kurz entschlossen auf den Weg in eines der umliegenden Büros. Ich hatte keine Wahl und bat einfach eine Sekretärin, schnell mitzukommen und als Trauzeugin auszuhelfen. Willig folgte sie mir. Als ich um die Kehre des langen Ganges bog, schlenderte in weiter Ferne ganz langsam und ohne Streß mein Trauzeuge heran. Ich bedankte mich bei der netten Sekretärin und eilte Peter entgegen. Der ließ sich erst einmal gemütlich neben der jungen Braut auf dem Bänkchen nieder, starrte versonnen aus dem riesigen Fenster mit Aussicht auf die Brooklyn-Bridge und sagte: »Ist das nicht phantastisch? Die hat ein Deutscher gebaut.«

Okt. 1994 vor dem Abflug nach New York mit noch nicht Ehefrau Monika

Schließlich reihten wir uns vor dem Pult des Standesbeamten im Allerheiligsten auf. Zu meinem Schrecken stellte sich heraus, daß der Beamte von vorhin, den ich ziemlich unfreundlich angegegangen hatte, auch noch der Standesbeamte war. Ich stand auf der rechten Seite meiner »Zukünftigen« wie immer ein wenig abwartend im Hintergrund. Der Standesbeamte popelte ein wenig beim Verlesen der Trauungsformel. Vor allem aber: Er sprach in die Richtung von Peter Fürst. Ich trat dann doch lieber ein wenig weiter vor und murmelte, daß ich der Bräutigam wäre. Machte alles nichts, der Standesbeamte fuhr unbeirrt fort, den nahen Feierabend vor Augen: »And now, give her the ring - Und jetzt geben Sie ihr den Ring!« »I have no ring!« - »O.k.: then give her a kiss!« Und damit beendete er die Zeremonie.

Das »2. Frühstück« lief und lief und lief. Es gab kaum einen Star, der nicht bei uns Station machte. Traurig war ich, daß Placido Domingo, als es glücklicherweise von seinen Terminen her gepaßt hätte, gerade an diesem Morgen außerplanmäßig wegen einer Kostümprobe zum Deutschen Fernsehfunk nach Adlershof mußte. Eine andere Gelegenheit sollte sich leider nie ergeben.

Heute noch bin ich dankbar für die vielen wunderbaren Begegnungen mit den unterschiedlichsten Menschen, mit Künstlern wie Anna Moffo, Gina Lollobrigida, Harald Juhnke, Inge Meysel, Grete Weiser, Tilla Durieux, René Kollo, Peter Hofmann, Lucia Popp, Peter Seiffert oder Reinhard Mey, der bei uns erstmals überhaupt im Rundfunk auftrat, Karel Gott, der eine Zeitlang von seinem Regime bei mir Auftrittsverbot hatte, Mireille Mathieu, Giuseppe di Stefano, Wolfgang Spier, die Wölffers, Dieter Thomas Heck, Corinna Genest, Götz Friedrich mit seiner Frau Karan Armstrong, Tony Christie, Engelbert, die Kelly-Family, damals noch in kleinerer Besetzung. Ich fragte Vater Kelly, ob er nun schon genug Kinder hätte. Er antwortete »Why stop it now?« ... Ich erinnere mich an O.E. Hasse, Brigitte Mira, Ernst Schröder, Jürgen Scheller, Didi Hallervorden, Rudi Carell, August Everding und Johannes Heesters, Maximilian und Maria Schell, Einzi und Robert Stolz, die Architekten Hinrich Baller und Hans Bornemann, Brigitte Grothum mit Töchterchen Deborah, damals gerade vier Jahre. Ich fragte die Kleine, ob sie denn manchmal mit dabei sei, wenn die Mutti arbeitet. Sie krähte vergnügt: »Ja, die ist gerade Putze im Renaissance Theater ...«, (sie spielte gerade die Rolle einer Putzfrau!). Die Reihe der Gäste ist fast unendlich: Udo Jürgens gehörte ebenso zu ihnen wie der Schwerenöter Curd Jürgens, Zarah Leander, Lorin Maazel und Alexis Weissenberg. Nicht vergessen darf ich in dieser Aufzählung den Regierenden Bürgermeister, Eberhard Diepgen. Auch populäre Sportler, Olympiasieger, Welt- oder Europameister kamen zu uns. Der Kollege Siegfried Mischner vom Sportfunk übernahm diese Gespräche, weil mir dafür einfach die nötige Sachkunde fehlte. Man traf sich eben beim »Frühstück«, und sämtliche kulturellen Institutionen bis hin zu den Hochschulen benutzten diese Sendung als Forum für ihre Veranstaltungen. Live-Ausschnitte von den jeweiligen Programmen waren selbstverständlich. Dadurch entstand eine unglaubliche Vielfalt, von der Oper bis hin zum Pop und Kabarett, zur Kleinkunst. Manch ein unbekannter Künstler konnte hier auf sich aufmerksam machen.

Viele meiner Gäste waren vierbeinig und hatten ein Fellchen oder rochen penetrant nach Fisch. Wir waren schon lange mit der Sendung in ein Hotel umgezogen, als uns eine riesige Robbe vom Zirkus besuchte und durch die Lobby watschelte. Sie verbreitete einen etwas strengen Geruch. Schimpansen und zwei wonnige Orang Babies aus dem Zoo hinterließen einen guten Eindruck und waren nicht unbegabt. Zwei Erlebnisse mit Tieren waren allerdings besonders beeindruckend. Es hatte sich eingebürgert, daß wir jedes Jahr im Dezember in die Deutschlandhalle eingeladen wurden, vor der Premiere von »Menschen Tiere Sensationen« mit allen Artisten eine Show zu machen. Das Publikum brauchte auch hier kein Eintrittsgeld zu zahlen, so hatten viele weniger begüterte Berliner auch einmal die Chance, bei dieser Show dabei zu sein.

Ich wollte zum Auftritt in der Arena immer etwas Spektakuläres bieten. Ich ließ mich also schnell überreden, auf einem afrikanischen Elefanten einzureiten und von dort oben das Opening zu machen! Welch ein Leichtsinn! Wir schauten uns einen Tag vorher schon mal in die Pupille. Kaba hieß die junge Elefantendame, und ihre Blicke trafen mich zwar wohlwollend, aber von sehr weit oben. Ich sah dem nächsten Morgen trotzdem voller Zuversicht entgegen, denn mit Mädchen hatte ich meistens keine Probleme! Gemütlich stapfte sie also mit ihrem Trainer Freddie Knie heran. Ich fand sie schon sehr groß, aber sie würde sich ja hinknien, damit ich bequem aufsteigen konnte. Willig ging sie in die Knie, wurde aber dadurch gar nicht so viel niedriger. Ich mußte also hinauf klettern beziehungsweise gehoben und geschoben werden, bis ich endlich ihren Rücken erreicht hatte. Kaba ertrug das alles mit stoischer Ruhe. Es schien sie kaum zu stören, daß ich auf ihrem breiten Genick Platz genommen hatte. Knie rief wie aus weiter Ferne: »An den Ohren festhalten!« Das versuchte ich auch, aber wo war mein Mikrofon? Es mußte bei der Kletterei runter gefallen sein. Ein pfiffiger Helfer hatte es inzwischen an einen Besenstiel gebunden und reichte es mir auf meinen Hochsitz (Mikroports waren damals beim »Dampfradio« noch nicht in Gebrauch). Freddie Knie gab seiner Kaba ein Zeichen, sich aufzurichten. Es war ein unbeschreibliches Gefühl, als sich der Fleischberg in Bewegung setzte und mich durchschüttelte. Ganz schlimm wurde es aber erst, als

Mit Elefantendame »Kaba«

die Elefantenkuh bei der Themamusik wie verabredet anfing, in die Manege zu trampeln. Mit einer Hand krallte ich mich an einem Ohr fest, mit der anderen versuchte ich, mein Gleichgewicht auszubalancieren und hielt das Mikrofon. Ich war dann selbst erstaunt, als ich auch noch ein richtig fröhliches Opening zustande brachte. Stürmischer Beifall belohnte mich dann jedoch für alle Ängste.

Richtig gefährlich war ein Ereignis einige Jahre später im Steglitzer Bierpinsel, unser Domizil für viele Jahre. Jeder Zirkus schickte immer seine Artisten zu uns. Sie waren mir besonders lieb, gute Kumpel, immer fröhlich und ungemein zuverlässig. Einmal war die besondere Attraktion ein schwarzer Panther, der auf einem Pferd durch die Manege ritt. Eine Sensation, denn Pferde haben eine Urangst vor Raubkatzen. Natürlich kam nicht das Duo zu uns in die Sendung, aber vier kräftige Helfer schleppten eine riesige Kiste mit dem Panther auf das Podium, die vergitterte Öffnung zum Publikum. Davor wurde in einiger Entfernung ein Podest positioniert, der genau die gleiche Höhe wie die Kiste hatte. Natürlich war der Panther als erster nach dem Opening dran. Der Dompteur und seine Tochter ließen ihn auf das Podest springen, sie hielten ihn an einer Leine, und während des gesamten Interviews schaute die wunderschöne Raubkatze interessiert in die Runde. Nach dem Gespräch sollte sie nun wieder in ihre Kiste springen. Sie tat das, verfehlte aber die Öffnung und landete oben auf der Kiste. Da saß der Panther nun, und der Dompteur versuchte mit ihm zu verhandeln: Er sollte noch einmal zurück auf das Podest springen. Aber der Panther, schon ein wenig nervös, machte stattdessen einen Satz vorwärts und landete in einer riesigen Scheibenjalousie hinter der Bühne. Seine Krallen fanden keinen Halt, und er rutschte in einen Spalt zwischen Bühne und Wand. Zu allem Unglück hielt der Karabinerhaken von der Leine nicht, der Panther war frei. Zunächst machte er einen riesigen Satz über den Tisch unmittelbar an der Bühne, fegte ihn leer und riß mit Getöse einen Standlautsprecher um. Der Dompteur und seine Tochter jagten, nun gar nicht mehr so fröhlich, hinterher. Ich machte auf der Bühne meine Witzchen, versicherte dem Publikum, daß der Panther nur Frischfleisch bevorzugen würde. Es durfte um keinen Preis Panik aufkommen, so viel war mir klar. Die drei Clowns in

Kostüm und Maske zogen sich eilig in die Küche zurück, die wußten um die Gefahr.

Unsere Techniker residierten hinter ein paar Stellwänden. Der Panther verirrte sich auch in diese Ecke und der Ingenieur sprang in seinem Schrecken auf einen Tisch. Das trug ihm für alle Zeiten den Spitznamen »Pantherbilly« ein. Irgendwie bekam das arme Tier dann wohl von seiner Freiheit genug, war einen Moment lang unaufmerksam oder hatte einfach nur noch nicht das richtige Opfer erspäht, jedenfalls gelang es dem Dompteur und seinen vier Helfern es schließlich in seine Transportkiste zurück zu befördern. Das war knapp gewesen! Der Dompteur gestand hinterher, daß der Panther mühelos in dem Zeitraum seiner »Freiheit« so an die zehn Leute hätte reissen können. Aber außer einer Menge zerbrochenen Geschirrs, eines zerrissenen Sakkos des Dompteurs und dem beschädigten Lautsprecher waren keine Verluste zu beklagen. Am nächsten Tag hatten die Zeitungen ihre Schlagzeilen und von der Programmdirektion gab es den sicher richtigen Rat, doch bei der Auswahl der

Gäste in Zukunft ein wenig mehr achtzugeben. Kollegen von den Printmedien waren übrigens jeden Montag bei uns anzutreffen und holten sich Themen. So blieb für die Zukunft mein Bobtail Boris der einzige Vierbeiner in der Sendung und erlangte beinah mehr Popularität als ich. Wenn ich auf meinen zahlreichen Spaziergängen im Wald Fans traf, sagten sie meist »Da kommt Boris mit John Hendrik!«

Zuweilen schloß sich die Frage an: »Und was macht Rudolf?« Die erste Begegnung mit dem kleinen Rentier hatte ich in den USA in den vierziger Jahren im Radio zur Weihnachtszeit durch Bing Crosby. Die Geschichte des rotnasigen Rudi rührte mich irgendwie besonders an, und ich besorgte mir die Noten. Bei meinen Konzerttourneen später in Deutschland hatte ich sie immer dabei und sang den »Rudolf« zur Weihnachtszeit als Zugabe. Im RIAS machte ich in Englisch die erste Bandaufnahme von dem Song, in Deutsch erzählte ich Rudolfs Geschichte zwischen den Strophen aus meiner Sicht, und verglich sie mit dem Gebaren der Menschen. Seither ist Rudolf ein Markenzeichen für mich geworden. Mit dieser Geschichte können sich alle identifizieren und erkennen darin häufig ihren Nachbarn wieder. Außerdem ist die Melodie ja auch ganz eingängig. Zunächst erlangte Rudi durch die Ätherwellen große Popularität, viele Aufnahmen folgten und schließlich irgendwann die Schallplatte, die sogar einmal die Nummer eins der Weihnachts-Hitparade des SFB erklomm. Besonders lustig fand ich eine Begegnung mit einem ganz seriösen »Wagnerianer« in der Pause von,« Götterdämmerung« im Foyer der Oper. Er entschuldigte sich dafür, daß er mich ansprach und fuhr fort: »Wissen Sie, ohne Rudolf ist für mich kein richtiges Weihnachten!« Viele wildfremde Menschen erzählen mir immer wieder, daß Weihnachten für sie erst mit Rudolf beginnen würde!

Die Popularität brachte auch manch merkwürdige Blüten hervor. Eines nachts gegen Mitternacht rief eine große Boulevard Zeitung an und fragte nach Frau Hendrik. Sie war zufällig selber am Telefon. Der Anrufer wollte es nicht glauben, daß sie wirklich Frau Hendrik war und erkundigte sich wiederholt und insistierend danach, ob sie auch gesund sei und wohlauf. Etwas verblüfft und ratlos gingen wir schlafen. Sehr früh am nächsten Morgen riefen Bekannte an und erkundigten sich besorgt nach Monika. Sie waren beruhigt und

„Stille Nacht", "O Tannen-
baum", „Kling, Glöckchen,
klingeling" – alle diese Weih-
nachtslieder verblassen vor
John Hendriks Radio-Hit

J. Hendrik

Rentier
Rudolf
mit der
roten Nase
macht das Rennen!

So sieht „BZ"-
Karikaturist
arne das Ren-
tier Rudolf

Berlin, 18. 12. H. B. | der Hörer-Wunschsendung zu-
Nicht Stille Nacht Heilige | gunsten der Erdbebenopfer in

Drama im reißenden Meeresstrudel

John Hendrik
kämpfte um
das Leben
seiner Frau!

Sie wollte den

erzählten, daß sie auf dem Weg zur Arbeit in einer anderen großen Boulevardzeitung auf der Titelseite in riesigen Lettern gelesen hatten: »John Hendrik kämpfte um das Leben seiner Frau.« Das Rätsel mit dem nächtlichen Anruf war also gelöst, da hatte die Konkurrenz etwas gewittert und wollte noch eins draufsetzen, vielleicht hofften die lieben Kollegen sogar auf eine noch schlimmere Meldung. Die Geschichte hatte allerdings einen sehr ernsten Hintergrund. Wir waren gerade aus dem Urlaub gekommen und erzählten einem Bekannten von einem Beinahe-Unfall beim Baden im Mittelmeer. Trotz Badeverbots war Monika mit Boris schwimmen gegangen. Ein gefährlicher Strudel packte sie und den Hund ziemlich weit vom Ufer entfernt, sie geriet in Panik und schaffte es nicht, zurückzukommen. Ich konnte die Beiden schließlich packen, noch bevor ein Rettungsboot bei ihnen angelangt war.

Die Jubiläen wurden meistens mit einem fröhlichen Fest begangen. Dort traf man sich mal ganz privat. Anläßlich der 500. Sendung erhielt ich von den Plattenfirmen für mein Engagement für die Pop-Szene eine »Goldene Schallplatte«. Im Dezember 1988 beendeten wir die Sendereihe nach nicht ganz 1000 Sendungen. Man soll aufhören, wenn es am Schönsten ist! Zur letzten Veranstaltung kamen noch einmal viele, die im Laufe der Zeit zu Freunden geworden waren. Angefangen von der Präsidentin des Abgeordnetenhauses von Berlin, Hanna-Renate Laurien, bis zu einem betrübten Götz Friedrich, der eingestand, daß er sich mit dieser Sendung immer in die Heimat seiner Frau, in die USA, versetzt gefühlt hatte. Die bekannte Berliner Schauspielerin Brigitte Grothum hatte zum Abschied ein Gedicht verfaßt und schloß traurig, daß wieder ein wenig Menschlichkeit und Wärme mit dem Ende dieser Sendung verloren gehen würde. Das Besondere an dieser Sendung war auch, daß die Hörer allen gesellschaftlichen Schichten angehörten, Taxifahrer wie Fabrikarbeiter, Intellektuelle wie Künstler, und noch heute werde ich auf diese Sendung angesprochen. Beeindruckt haben mich in den vielen Jahren auch immer wieder die Menschen mit ihren Stärken und Schwächen, ihren Eitelkeiten und ihren Schicksalen. Ich lernte, daß die berühmtesten Zeitgenossen oft die bescheidensten Mitmenschen sind.

Das letzte »2. Frühstück« im Dezember 1988

Heribert Sasse, Generalintendant der Staatlichen Schauspielbühnen, Prof. Götz Friedrich, Generalintendant der Deutschen Oper Berlin, Brigitte Mira, Brigitte Grothum

Dank des sehr aufgeschlossenen Programmdirektors Herbert Kundler gab es zu allen Zeiten im RIAS Sendereihen, die erst heute so richtig im Trend liegen, so zum Beispiel die »Langen Nächte«, ein Programm, das eigentlich für alle Themen offen war. Sie boten auch den Hörern eine Möglichkeit, sich ins Programm einzubringen, weil sie anrufen und über den Sender Meinungen äußern und Fragen stellen konnten.

Ich gestaltete einige dieser Sendungen, wenn ich einen Star dazu überreden konnte, von kurz vor Mitternacht bis mindestens morgens um 3 Uhr 30 auszuhalten, natürlich ohne Gage. Nicht müde wurde Inge Meysel bei einer solchen Sendung, im Gegenteil, je mehr der Morgen nahte, desto lebhafter wurde sie. Als wir schon eine Stunde verlängert hatten und langsam die Kollegen vom Frühprogramm ans Mikrofon wollten, sagte sie um 4 Uhr 30 empört zu mir: »Was, Du willst schon aufhören?« Nach dieser Nacht erhielt sie noch

Lange Nacht mit Inge Meysel, bei der Vorauswahl der Musik

über 400 Briefe, und der RIAS mußte ihr seine Hilfe geradezu aufdrängen, denn eisern und bestimmt ließ sie es sich nicht nehmen, jeden Brief selber zu lesen und zu beantworten. Inge Meysel verstand es hervorragend, die Anrufer zum Reden zu bringen. Mit einem untrüglichen Instinkt hörte sie heraus, ob ein Fan sie mit ein paar netten Worten erfreuen wollte, oder ob sich dahinter wirklich ein Anliegen verbarg. Sie konnte gut zuhören. So spielte sie einmal unversehens Schicksal: Eine Frau rief an, und Inge merkte, daß sie traurig war und anscheinend Probleme hatte. Langsam tastete sie sich an die Anruferin heran, und vertrauensvoll erzählte ihr schließlich die Frau von ihrem Kummer. Es stellte sich heraus, daß sie ihre Scheidung nie verwunden hatte, weil sie den Mann immer noch liebte. Sie machte sich Vorwürfe, versagt zu haben, und Inge gab ihr gute Ratschläge, die sie eigentlich für fast jeden Anrufer fand. Nun geschah etwas Unglaubliches: Nach einiger Zeit rief der geschiedene Mann an; zufällig hatte er die Sendung gehört. Fassungslos fragte er Inge Meysel, was er tun sollte. Wer sie kennt, kann sich vorstellen, wie sie nun loslegte und auf den Mann einredete, seine geschiedene Frau einfach anzurufen! Gegen Ende der Sendung rief die Frau übrigens nochmal an und erzählte vor Freude und den Tränen nahe, daß sie sich mit ihrem Ex-Mann treffen wollte. Solche Momente waren natürlich für alle Beteiligten beglückend.

Ähnlich Bewegendes trug sich in der »Langen Nacht« mit dem Weltstar Maximilian Schell zu. Er spielte im Renaissance-Theater in der deutschen Erstaufführung von Pavel Kohouts »Armer Mörder«, damals ein kulturpolitisch bedeutendes Ereignis. Nach der Vorstellung erschien er mit dem damaligen Intendanten des Theaters, seinem Freund Heribert Sasse in unserem Studio. Die beiden hatten unendlich viele Schallplatten mit Klaviermusik mitgebracht; die Auswahl war so richtig zum Schwelgen. Für mich unerwartet kamen ausschließlich Anrufe mit sehr fundierten Fragen, beispielsweise zum Stück oder nach Schells Zeit in Hollywood. Ein Schauspieler aus Ostberlin hatte die Sendung auf der Heimfahrt vom Theater im Autoradio angehört. Er rief von zu Hause aus an und fragte traurig: »Warum treten Sie nicht auch bei uns auf, auf der anderen Seite?« Niemand fragte Maximilian Schell nach seiner Liaison mit Soraya oder anderen Klatschgeschichten aus der Yellow-Press, was ich anfangs befürchtet hatte. Viele sprachen mit ihm über Musik, und da Schell selber intensiv Klavier spielt, kamen auch da einige interessante Unterhaltungen zustande. Gegen 1 Uhr 30 meldete sich eine Frau mit ernster, dunkler Stimme. Ich werde diesen Moment nie vergessen. Sie sagte ganz ruhig und so, als ob es das Selbstverständlichste von der Welt wäre: »Herr Schell, Sie haben mir eben das Leben gerettet. Ich war dabei, Schluß zu machen. Zufällig lief noch das Radio. Ich fing an, Ihnen zuzuhören und jetzt, nach zwei Stunden, habe ich wieder Mut, weiterzumachen!« Schell reagierte wunderbar. Er bat die Frau, nicht aufzulegen, unbedingt noch einem Moment am Telefon zu bleiben. Wir schalteten das Telefonat aus der Sendung heraus, und so konnte Schell mit der Frau noch ohne »Ohren« zeugen reden. Auch er war sichtlich bewegt.

Auf andere Weise spektakulär verlief eine Wunschsendung mit dem Heldentenor René Kollo. Mit Hilfe der Kollegen des Schallarchivs hatten wir, so weit das überhaupt möglich war, seine gesamte Discographie zusammengetragen. Kollo kam wie immer pünktlich und blieb wohl an die sechs Stunden bei uns. In dieser Zeit bewältigten wir auf zwei Leitungen über 800 Anrufe. Die Telefone klingelten ohne Pause. Ein drittes Telefon ging zu uns ins Studio, wo Kollo unprätentiös und mit Berliner »Schnauze« sich geduldig den Fragen der Hörer stellte.

Ganz kurz muß ich auch noch Freddy Quinn erwähnen. Wir redeten und redeten, und ich wollte natürlich einige seiner Platten spielen. Aber plötzlich sagte er: »Warte einen Moment« und verschwand zu meinem Schrecken. Nach einigen Minuten kam er mit seiner Gitarre zurück, die er schnell aus dem Auto geholt hatte. Er setzte sich im Schneidersitz auf den Tisch im Studio und sang den ganzen Abend live seine Hits! Die Begeisterung der Hörer war unvorstellbar. Einige fanden sich sogar vor dem RIAS Portal ein und warteten bis zum frühen Morgen geduldig auf ihn.

Mein Auftritt in der Oper
»Halt Dich an den Männerchor - und singe auf keinen Fall mit« –
RIAS als Gast beim Generalintendanten Götz Friedrich in
80 Sendungen Opernstammtisch

Auch im RIAS begegneten mir im Laufe von über 30 Jahre unzählige Menschen mit den verschiedensten Charakteren und Profilen.
Inzwischen sind sie in alle Himmelsrichtungen verstreut, aber zu
einigen Chairmen bestehen heute noch freundschaftliche Kontakte.
Viele Kollegen sind auch nicht mehr am Leben, wie beispielsweise
der Hauptabteilungsleiter der Musik, Professor Helmut Kühn. Er
verließ uns leider sehr jung. Er war in jeder Hinsicht ein ungewöhn-
licher Mensch mit viel Kreativität, großem Wissen und ebenso vielen Ecken und Kanten. Von Anfang an verband uns eine Sympathie,
die hielt, auch wenn wir uns im Laufe der Jahre viele Sträuße liefern
sollten. Er hatte immer den Mut zum Außergewöhnlichen. So griff
er sofort meine Idee auf, aus der Deutschen Oper Berlin direkt zu
senden. Der 1981 frisch gekürte Generalintendant Professor Götz
Friedrich ließ sich ziemlich schnell davon begeistern und lud uns
ein, einmal im Monat aus seinem Hause 90 Minuten live zu senden.
    Wir starteten am 31. Oktober 1981. Ich liebe die Oper, und so bot
sich mir noch einmal eine große berufliche Herausforderung, in der
ich Professionalität mit Leidenschaft verbinden konnte. Das Metier
war mir zwar vertraut, aber jede Sendung bedurfte einer besonders
gründlichen Vorbereitung der jeweiligen Themen und Interviews
mit den Sängern, Regisseuren, Dirigenten, Tänzern und Choreogra-
phen und all denen, die dazu beitragen, daß sich jeden Abend der
Vorhang öffnet. Zusammen mit Helmut Kühn, und nach dessen Tod
mit Herbert Kundler waren wir alle vier Wochen Gäste der Deutschen Oper. Götz Friedrich war bei jeder Sendung zugegen und
erwies sich als unermüdlicher Ideengeber, als Mittler seines geliebten
Musiktheaters, und oft fiel es mir schwer, mich loszureißen, um an
anderer Stelle ein Interview zu machen. Seine Ausführungen gaben
uns neue Denkanstöße, eröffneten neue Perspektiven, und immer
blätterte er Zusammenhänge und Hintergründe auf, die man vorher
so nicht erkannt hatte. Grundsätzlich kämpften wir in jeder Sen-

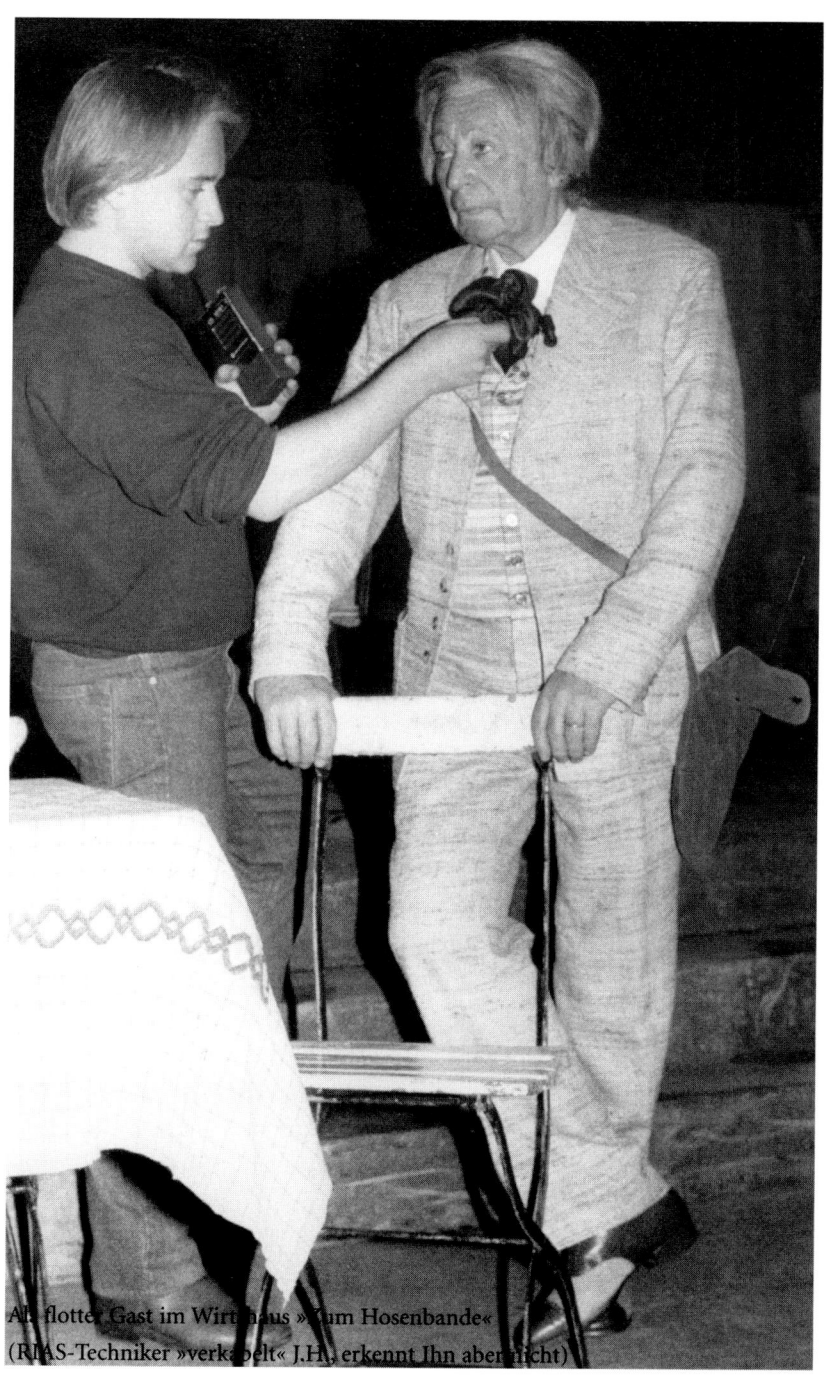

Als flotter Gast im Wirtshaus »Zum Hosenbande«
(RIAS-Techniker »verkabelt« J.H., erkennt Ihn aber nicht)

dung gegen die Uhr, die Zeit reichte nie aus.

Ich hatte viele Interviews live von den verschiedensten Orten aus zu führen. Anfangs betreute uns ein Begleiter, damit wir uns in dem weitläufigen Haus nicht verliefen, oder gar - was mir auch beinah einmal passiert wäre - während der Vorstellung plötzlich auf der Bühne landeten. Rückblickend muß ich sagen, daß wir eigentlich so gut wie überall mit unserem Mikrofon im Opernhaus gewesen sind.

Nachdem ich in einer Sendung während einer Vorstellung der »Fledermaus« den Umbau von der Bühne aus, aber bei geschlossenem Vorhang, beschrieben hatte, kam mir die wahnwitzige Idee, einmal auch direkt von der Bühne während offener Szene zu berichten, die Atmosphäre, den Schaffensprozeß am Ort des Geschehens live zu schildern. Lange wagte ich nicht, Friedrich meinen Wunsch vorzutragen. Aber irgendwann ergab sich ein Gespräch darüber, er willigte ein und übertrug dem Oberspielleiter Winfried Bauernfeind die Ausführung. Auch der war und ist stets zu allen Schandtaten bereit. »Die Lustigen Weiber von Windsor« waren die geeignete Aufführung für dieses Wagnis. Es gab da eine Szene im Gasthaus mit viel Chor und allerlei Gewuhre. Ich sollte mich unter den Chor mischen und einfach erzählen, was mir gerade so auffiel. Das bedeutete, daß ich natürlich entsprechend eingekleidet werden mußte, denn der Zuschauer durfte auf keinen Fall etwas bemerken. Es machte uns allen riesigen Spaß. Auf einer Probe mußte mich Winfried Bauernfeind auf der Bühne einweisen, mir zeigen, wo ich stehen sollte und wo ich auf keinen Fall hin durfte. »Halt Dich immer an den Männerchor, die helfen Dir auch notfalls weiter! Und singe bitte auf keinen Fall mit. So, nun gehe bitte noch zur Kostümabteilung, die warten schon auf Dich!« Grinsend entschwand er um die nächste Ecke. Die Kostümdirektorin Dietlinde Calsow hatte schon Verschiedenes bereit gelegt, und bald war ich wie ein betuchter Bürger des alten England gewandet. Auch mit dem Chefmaskenbildner gab es eine kurze Verständigung, der es sich auch nicht nehmen ließ, selbst Hand anzulegen. Der große Tag kam, und ich bekam eine eigene Garderobe mit Namensschild zugewiesen. Meine Verwandlung zum Gast im Wirtshaus »Zum Hosenbande« war so erfolgreich, daß mich unser Techniker auf dem Flur nicht erkannte, als er mir das Mikroport anstecken mußte. Ich hatte nämlich auch noch eine sehr kleidsame Perücke verpaßt bekommen. Dann trat ich mit dem Chor auf, der informiert war. Nicht aber der Tenor des Abends, Peter Seiffert, der ein Lachwurz ist und den Fenton sang. Er mußte sich in dieser Szene zunächst in einem Baum verstecken. Als er mich in der Menge entdeckte, drohte er einen Lachkrampf zu bekommen. Unbeirrt und ohne Zwischenfälle beendete ich meine Reportage.

Der »Opernstammtisch« war von der Arbeit und auch von der rein menschlichen Seite her eine Bereicherung, für Monika und mich. Wir lernten die ganze Opernszene kennen, die berühmten und auch die weniger berühmten Sänger. Es entstanden Freundschaften, die bis heute andauern. Die Liebe und das Verständnis für das Musiktheater sind für mich unverrückbar mit der Person Götz Friedrichs verbunden, den ich für einen der größten Regisseure halte. Berlin kann sich glücklich schätzen, diesen Künstler nun schon seit fast zwei Jahrzehnten an der Spitze der Deutschen Oper zu haben. Friedrich ist für mich ein Maß, an dem ich die Oper messe. Mit ihm und seiner zauberhaften Frau, der amerikanischen Sopranistin Karan Armstrong, verbindet uns eine vertrauensvolle und herzliche Freundschaft. Friedrich hatte mir übrigens erzählt, daß ich ihm bei der ersten Begegnung absolut nicht fremd war, da er schon als Jüngling zu Hause in Thüringen zu den »Club 18« Hörern zählte!

An dieser Stelle alles Anekdotische von den 80 Opernstammtischen zu erzählen, die es schließlich wurden, ist schier unmöglich. Natürlich gab es auch Pannen. Einmal überprüfte die Feuerwehr vor der Vorstellung ordnungsgemäß die Sprinkleranlage, setzte dabei aber unsere bereits an der Rampe aufgebauten Mikrofone ebenfalls unter Wasser. Ein anderes Mal gerieten wir in arge Schwierigkeiten, als wenige Minuten vor Beginn der Sendung jemand versehentlich das eiserne Tor am Bühneneingang zufahren ließ und dadurch sämtliche Kabel zum Übertragungswagen durchgeschnitten wurden. Unvergeßlich war auch die erste Begegnung 1986 mit Placido Domingo nach einer legendären Aufführung des »Otello«. Domingo stellte an diesem Abend seinen eigenen Rekord von der Wiener Staatsoper mit über 100 Vorhängen ein. 75 Minuten applaudierte das Publikum, wir standen die ganze Zeit neben Domingo, konnten seine Freude erleben, weil wir zu einem Interview verabredet waren, an das ich nicht mehr glaubte, weil es einfach schon so wahnsinnig spät war. Endlich fiel der »Eiserne« und ich vermutete, daß der Star nun erschöpft in seine Garderobe flüchten würde. Nichts dergleichen. Liebenswürdig entschuldigte er sich dafür, daß wir so lange warten mußten und dafür, daß seine Sprechstimme nicht gut sei: »Ich singe lieber!«

1990 ging auch der »RIAS Opernstammtisch« zu Ende. Ich hatte beschlossen, nun endlich mehr zu privatisieren. Götz Friedrich wollte in seinem Hause nicht noch einmal mit einem neuen Team beginnen. In unserer letzten gemeinsamen Sendung fand er zu Herzen gehende Worte über unsere gemeinsame »Radiozeit« und fügte lachend hinzu: »Zu Ehrenmitgliedern kann ich Euch nicht ernennen, wohl aber zu besonderen Mitgliedern!«

Viele, viele Episoden aus meiner merkwürdigen Karriere, die ich wahrheitsgetreu wiedergegeben habe, könnte ich noch erwähnen. Noch mehr zu sagen wäre über die unzähligen Menschen, die ich in meinem Leben getroffen habe und deren Handlungen ich oft nicht begreifen konnte.

Aber fürs erste, finde ich, habe ich genug erzählt.

Placido Domingo

Plötzlich zog hauptstädtische Atmosphäre ein
Von Klaus Büstrin

Zunächst war Dunkelheit. Jedenfalls prägte sie sich ein. Es wäre falsch zu behaupten, überall im damaligen Westberlin hätte es licht-durchurchflutete Straßen gegeben. Aber der erfahrene West-Groß-städter spürt noch wenig Flair von einer LandeshauptstadtPotsdam: die Häuser grau, sie schrien regelrecht nach Farbe, vor allem nach einer Sanierung, die Straßen abenteuerlich, die Achsen der Autos drohten zu brechen.

Aber Monika und John Hendrik fuhren ab 1992 drei Jahre lang einmal in der Woche in den späten Abendstunden über die Glie-nicker Brücke. Das Ziel war der Sender »Antenne Brandenburg«.

Schon Ende der zwanziger Jahre kam der junge John Hendrik in schöner Regelmäßigkeit für mehrere Wochen von Berlin nach Pots-dam - mit der Eisenbahn. Als er mit ihr letztmalig in die alte Resi-denzstadt an der Havel fuhr, wußte er, daß er über die Glienicker Brücke nur noch mit dem Auto fahren würde. In Potsdam hatte er nämlich seinen Führerschein gemacht.

Mehr als 60 Jahre sind vergangen, bis er mit eigenem Wagen wie-der die Brücke passierte. John Hendrik hätte wohl auch gern in den fünfziger bis achtziger Jahren den Katzensprung nach Potsdam gemacht, doch die Mauer versperrte auch ihm den Weg, aber nicht seiner Stimme. So wurde er durch den RIAS einer der wichtigsten Botschafter des freien Berlins. Für den Moderator war der 10. November 1989 eines der schönsten Ereignisse seines Lebens, als Mauer und Stacheldraht Vergangenheit wurden.

John Hendrik muß es wohl geahnt haben, daß der RIAS Anfang der neunziger Jahre »in den letzten Zügen lag«, denn er nahm das Angebot von Antenne Brandenburg, eine Sendereihe zu moderieren, an. Schließlich wollte er seinem geliebten Beruf noch nicht Adieu sagen. Die Serie hieß »Zu Gast bei John Hendrik ...«. In Anlehnung an das so erfolgreiche RIAS-Gästebuch wurde auch die Potsdamer Reihe konzipiert. Plötzlich zog in das kleine Funkhaus in der Pusch-kinallee hauptstädtische Atmosphäre ein. Zu Gast bei John Hendrik waren nämlich viele Stars von Fernsehen, Film und Theater. Die

John Hendrik im Gespräch mit Klaus Büstrin

meisten kannte er bestens aus RIAS-Zeiten. So kamen sie gern über die Glienicker Brücke, ob sie Brigitte Mira, Brigitte Grothum, Angelika Milster, Daniela Ziegler, Reinhard Mey, Helmut Baumann oder René Kollo hießen. Aber auch die Intendanten Götz Friedrich, Georg Quander und Heribert Sasse oder der Architekt Fritz Bornemann ließen sich gern von John Hendrik nach Potsdam einladen. Er begleitete sie jahrzehntelang mit warmem Herzen auf ihren Karrierewegen. Oftmals traf sich der Moderator mit seinen Gästen an der Glienicker Brücke, um sie durch die dunklen Straßen zum Funkhaus zu lotsen.

Schon bald tauchte John Hendrik in das Potsdamer Kulturleben ein. Vor allem dem Theater- und Konzertleben galt seine Aufmerksamkeit. Er entdeckte für sich das Hans Otto Theater. Bei so manchen Premieren konnte und kann man ihn und seine Frau Monika unter den Gästen ausfindig machen. Über den aktuellen Spielplan der Potsdamer Bühne war und ist John Hendrik wohl genauso gut informiert wie über den der Berliner. Vom Ensemble hält er viel, zu einigen Inszenierungen hat er eine geteilte Meinung. So waren auch Potsdamer Künstler gern »Zu Gast bei John Hendrik ...«. Die Mezzosopranistin Eva-Marlies Opitz und der Bariton Thomas Wittig eilten beispielsweise nach einer Aufführung von Mozarts Oper »Cosi fan tutte« aus dem Schloßtheater im Neuen Palais in das Funkhaus. Sie erzählten von ihrem beruflichen Werdegang, über die Vergangenheit und die Gegenwart des Potsdamer Musiktheaters, über die Abwicklungs-Gefährdungen, denen das Opernensemble schon 1993 ausgesetzt war.

Auch der damalige Intendant des Hans Otto-Theaters, Guido Huonder, nahm eine Einladung von John Hendrik an. Unruhig ließ er seine Augen durch den Senderaum schweifen. Wo steht hier der Rotwein? Nur eine Flasche mit Mineralwasser war auf dem Sendetisch ausfindig zu machen. Jedoch bevor nicht ein »Roter« im Studio sei, würde er kein Wort sagen, teilte der Intendant mit. So mußte kurz vor Sendebeginn um 21 Uhr noch jemand Ausschau nach Rotwein halten. Die Flasche kam pünktlich, Guido Huonder erzählte von seinen Potsdamer Theater-Visionen. Die Flasche Rotwein stand nach zwei Stunden noch ungeöffnet auf dem Tisch. Seine Vision für Potsdam konnte Guido Huonder nicht in die Tat umsetzen. Er hat sich längst aus dieser Region verabschiedet.

Abschied nahm auch John Hendrik nach fast drei Jahren von der »Antenne Brandenburg«. Auch wenn man seine Stimme nicht mehr live über den Äther hört - sie wird bei seiner großen Hörergemeinde nachklingen.

Club 18

John Hendrik in seinem Büro im RIAS bei der Auswahl von Platten für die
wöchentliche Club 18 Sendung

v. l.: Fritz Schulz Reichel, der »schräge Otto« mit Errol Garner

Count Basie (Mitte), John Hendrik (ganz links)

20 Jahre Club 18, 1977

Papa Ko and his Jazzin' Babies

Lionel Hampton

Impressionen auf der Jubiläumsparty zu »25 Jahre Club 18«, festgehalten von
Reinhold W. Timm, »Timmy«

2. Frühstück mit John Hendrik

Grete Weiser

Horst Buchholz (Mitte), Jürgen Wölffer, Direktor des Kurfürstendamm Theater und der Komödie

Zu den Jubiläen des 2. Frühstück gratulierte immer Eberhard Diepgen, Regierender Bürgermeister

16. 1. 84

Dr. Gustav-Rudolf Sellner, Generalintendant der
Deutschen Oper Berlin, von 1961 bis 1972

174

Con afecto y simpatía

Luis López Cobos

Deutsche Oper
Berlin 1972

Hans Rosenthal »dalli dalli« mit einer Palme aus
der Dekoration als »Blumengruß«

Zur 777. Sendung gratuliert: Das Orang-Utan-Baby aus dem
Berliner Zoo auf dem Arm von Ehefrau Monika

»Licht aus, Spot an« für Ilja Richter

Mariane Rosenberg mit Gaby Baginski

Ludwig Freiherr v. Hammerstein, Intendant des RIAS
mit Heinrich Lummer

Michael Prinz von Preußen

Günther Pfitzmann

Mireille Mathieu

Romy Haag

60 Jahre und kein bißchen weise ... Curd Jürgens

Heinz Baumann, Wolfgang Spier

Monika und John Hendrik werden vom Team des 2. Frühstück in die Sommer-
ferien verabschiedet

Freddy Quinn

Mein Lieber
Wir machen weiter

grün für Berlin

War gut geht Bin
Baumpatt
17.10.

Anna Moffo

Reinhard Mey

Gudrun Landgrebe

Filmregisseur Helmut Käutner

Lieber John, versprochen!
beim nächsten Mal

singe ich   —
               bestimmt
oder ich kann nie mehr
        kommen !

herzlichst
Brigitte Fassbaender

15.VII.82

v. l.: Johanna Matz, Peer Schmidt, Tilla Durieux,
Martha Eggerth, die Söhne von Jan Kiepura, Helga Gerber

Ich weiß nicht mehr
wie oft ich hier
war, aber wie immer
habe ich mich sehr
wohl gefühlt.
Bis auf bald und
nicht zum 2. Frühstück
Euer
[Unterschrift]
4. 6. 73.

häufiger Gast: Harald Juhnke

Rudolf Schock

Katja Ebstein

Rudi Carell

Juliette Greco

Stimmungskanone Roberto Blanco

Vivi Bach

ständiger Gast und Freund René Kollo, 1983

od was ood hier!

Edel Haude
8. 12. 00. und OSKAR

Insterburg & Co, 2. v.l. Karl Dall

Viktor de Kowa

Ich lehne es ab
in dieses Buch
zu schreiben!

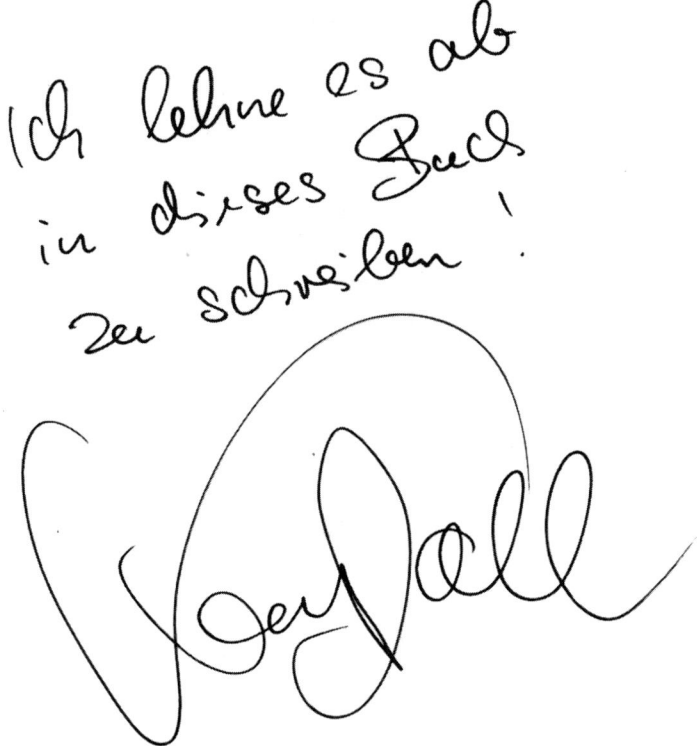

1. Mär 1982

Peter Frankenfeld »hört« seine Ehefrau, Lonny Kellner, ab

Einzi und Robert Stolz

Startenor Giuseppe di Stefano (Mitte)

Marika Röck

Hendrik mit Dieter Hallervorden

Vico Torriani

Karel Gott mit der Producerin des 2. Frühstück, Monika Hendrik

„Ingrid von Bergen"

Wieder einmal ganz
bald ich da

Ingrid von Bergen

Schnellsprecher Dieter-Thomas Heck

Brigitte Mira und Willi Rose

Hendrik in seinem Archiv mit Schellackplatten und Tonbändern

»Heute so beliebt wie damals«

Heldentenor Lauritz Melchior beim Interview

RIAS Anekdotenstammtisch

Im Hotel Steigenberger mit Ephraim Kishon, im Hintergrund
Prof. Herbert Kundler

1975 mit Ehefrau Monika im Schneideraum

Sendereihe »Hits, made in Berlin«

Bully Buhlan und Rita Paul, Stars der 50er Jahre

RIAS Abendstudio »Theaterstadt Berlin«

v.l.: Prof. Helmut Kühn, John Hendrik, Mutter v. Maria Schell, Maria Schell

Bernd Philipp, Autor u. Chefreporter der »Berliner Morgenpost«

40 Jahre RIAS-Berlin

Jubiläumssendung im ZDF, v.l. Jürgen Graf, Wolfgang Behrendt, Friedrich
Schönfelder, Werner Baecker, John Hendrik, Nero Brandenburg

Der RIAS - Opernstammtisch

1. Opernstammtisch am 31.10.1981, v.l.n.r.: Klaus Günzel, künstlerischer Betriebs-
direktor, John Hendrik (mit Mikrofon), die RIAS-Hauptabteilungsleiter Horst
Eifler (Kulturelles Wort) und Prof. Helmut Kühn (Musik), Generalintendant Prof.
Götz Friedrich und ganz rechts: Georg Quander, (E-Musikredakteur Hörfunk/
SFB). Gast des Opernstammtisches als Bearbeiter der Oper »Montezuma« von
Friedrich II / Graun (Aufführungskonzept, deutsche Textfassung und Produkti-
onsdramaturgie). Eine Produktion der Deutschen Oper Berlin im Rahmen der
Berliner Festwochen im Hebbel Theater.

Die » Lulu« vom Schillertheater, Angelica Domröse, links im Bild, trifft die »Lulu« von der Deutschen Oper Berlin, Karan Armstrong, zur Diskussion

Opernstammtisch zu 25 Jahre Deutsche Oper Berlin, Sendung am 31.8.1986,v.l.
Dramaturg Dr. Karl-Dietrich Gräwe, Studienleiter Prof. Hans Hilsdorf, John Hendrik, Oberspielleiter Winfried Bauernfeind, Prof. Herbert Kundler, Generalintendant Prof. Götz Friedrich, der ehemalige Intendant Dr. Gustav-Rudolf Sellner, Helmut Lang, der ehemalige Intendant Hofrat Prof. Dr. Egon Seefehlner, Günter Lösch

Während der Live-Sendung mit Generalmusikdirektor Jesus Lopez-Cobos

Juni 1990, Letzter Opernstammtisch,
v.l.n.r.: Ballettdirektor Gert Reinholm,
Prof. Herbert Kundler, John Hendrik,
Generalintendant Prof. Götz Friedrich,
Generalmusikdirektor Jesus Lopez-Cobos

Aus dem privaten Fotoalbum

Januar 1986 im Foyer des »Theater des Westens« zur Premiere von Kálmáns
»Csárdásfürstin« mit Vera Kálmán, der Witwe von Emmerich Kálmán und der
Journalistin Barbara Jänichen (ganz links)

mit Ehefrau Monika und Bobtailbaby William, 1989

Kleine Verschwörung mit Cowboyhüten Gerard M. Gert

Wolfgang Völz auf den Knien, Silvester 96/97

Tierfreund Hendrik mit den »Leih«-Dackeln Anton und Florian

Fotonachweis

Ingo Barth: 113, 137, 139-140, 143, 150, 167, 171, 179-181, 184, 186-189,191-194, 201-204, 206, 211-214, 217, 219-220, 223-226, 242

Barbara Jänichen: 108, 149, 172, 178, 199, 231, 233, 236,

Nelly Rau-Höring: 165

Harry Bérard: 216

Klaus Hofmann: 177

Erhard Förster: 185

Manfred Thomas: 161

Kranichphoto: 230, 323, 237

Sie können die Stimme von John Hendrik auch hören. Gleichzeitig mit diesem Buch erscheint von ihm die Neuauflage einer Maxi-CD.

JOHN HENDRIK
»Rudolf, das kleine Rentier«

und enthält außerdem noch den ›Jüdischen Tango‹ von 1933 »Ich hab kein Heimatland« mit dem Orchester Marek Weber. Dieses zweite Stück war die letzte Komposition von Friedrich Schwarz, die er auf der Flucht vor den Nazis schrieb.

Erschienen bei Monopol Records, Berlin, im Vertrieb der DA Music, Deutsche Austrophon GmbH, Diepholz, Bestellnummer: 80937821.

Diese Maxi-CD können Sie auch zusammen mit dem Buch direkt beim Extent Verlag bestellen unter Tel. (030) 327 980 511 oder Fax (030) 327 980 535

Eine kleine Auswahl weiterer Titel aus dem Extent Verlag Berlin:

Unsere Bücher erhalten Sie im Buchhandel oder direkt über den Verlag.

Bruno Wiesner
Otto Reutter: Hinter den Kulissen   122 Seiten
ISBN 3-926671-15-7   DM 29,80

Eine Neuauflage (kein Reprint!) der legendären Originalausgabe von 1931, die kurz nach dem Tode Otto Reutters erschien. Der Band schildert, amüsant und packend geschrieben, den Lebensweg des großen deutschen Humoristen, Vortrags- und Couplet-Künstlers OTTO REUTTER. Allgemein bekannt dürfte er auch heute noch durch sein Couplet »*In fünfzig Jahren ist alles vorbei*« sein.

Reutter, seit den 20er Jahren zu den bestbezahlten deutschen Künstlern gehörend, trat in ganz Europa auf und war Stammkünstler im legendären Berliner WINTERGARTEN Cabarett. Der Band vermittelt - aus der Sicht seines Kollegen Bruno Wiesner - einen anderen Blick auf die deutsche (Kultur-) Geschichte von der Jahrhundertwende bis zum Jahr 1931.

Tanztheater der Komischen Oper Berlin
ISBN 3-926671-20-3   DM 8,-
Broschiert, Format 22x21cm,   48 Seiten

Festschrift zum 30jährigen Bestehen des Tanztheaters 1996, deutsch und englisch

Artikel, Fotos, Ausblick auf das Repertoire

Jan Weyrauch, Boygroups
Das Teenie-FANomen der 90er   192 Seiten
ISBN 3-926671-18-1   DM 26,80

Was macht die Faszination von Boygroups aus? Sind die Jungs wirklich so begehrenswert. daß die Girls kreischend vor den Hotels auflauern? Dieses Buch ist für alle geschrieben, die sich diese Fragen schon einmal gestellt haben: für Eltern, die ihre Kinder nicht mehr begreifen, für alle Menschen, die sich für die Phänomene der Popkultur interessieren und nicht zuletzt auch für jene Fans, die ihre erste Leidenschaft für einen Star gerade hinter sich gebracht haben.